L'ALLEMAGNE

CHEZ ELLE ET CHEZ LES AUTRES

DU MÊME AUTEUR

LE SAC DE ROME PAR UN BOURBON........................ 1 vol.

LA BELLE-SŒUR D'UN PAPE........................ 1 vol.

LE BRIGANDAGE EN ITALIE DEPUIS LES TEMPS LES PLUS RECULÉS JUSQU'A NOS JOURS........................ 1 vol.

DEUX MOIS DE L'HISTOIRE DE VENISE........................ 1 vol.

QUATRE CÉLÉBRITÉS........................ 1 vol.

L'ASACE-LORRAINE EN AUSTRALIE, HISTOIRE D'UNE FAMILLE D'ÉMIGRANTS SUR LE CONTINENT AUSTRAL........................ 1 vol.

TROIS HISTOIRES DE TERRE ET DE MER........................ 1 vol.

LE ROMAN D'UN BALEINIER........................ 1 vol.

SIX AVENTURES TURQUES........................ 1 vol.

VOYAGE AU DAHOMEY........................ 1 vol.

Paris. — Imp. E. CAPIOMONT et V. RENAULT, rue des Poitevins, 6.

ARMAND DUBARRY

L'ALLEMAGNE

CHEZ ELLE

ET CHEZ LES AUTRES

PARIS

G. CHARPENTIER, ÉDITEUR

13, RUE DE GRENELLE-SAINT-GERMAIN, 13

1880

PRÉFACE

La jactance, qu'on a tant reprochée à notre nation, n'est point un défaut éminemment français ; en examinant l'Allemagne, on le reconnaît bientôt.

Pour l'allemand, tout est supérieur en Allemagne, hommes et choses ; les mœurs allemandes sont les plus pures, les plus familiales ; l'ydille, la morale, la modestie aussi sans doute, sont allemandes ; il n'est pas jusqu'au vin « que les allemands seuls savent boire. »

Nous avons, dans ce livre, essayé de démontrer par des faits, que l'Allemagne ne vaut peut-être pas le Pérou, et que, chez elle ou ailleurs, elle est à une distance respectueuse de la perfection qu'elle s'attribue.

ARMAND DUBARRY.

L'ALLEMAGNE

EN ALLEMAGNE

LA COUR DE PRUSSE

I

UN SAVANT PRUSSIEN

Par une nuit glaciale de novembre de l'année 1727, un individu, bizarrement accoutré, allait et venait en titubant, en jurant, devant une habitation d'assez riche apparence, située sur le bord de la Sprée, à Berlin.

— La peste si je sais où retrouver ma porte ! sacrait-il. Pourtant c'est là ma maison, ou je ne suis qu'un âne.

— Tu n'es qu'un âne ! répéta, à quelques pas de lui, une voix sépulcrale suivie de rires promptement étouffés.

— Hem !... fit l'individu d'un air moitié inquiet, moitié hébété.

Les éclats de rire recommencèrent.

— *Wer da?* — Qui est là? — cria-t-il en se roidissant sur ses jambes, en cherchant à s'enhardir.

— *Die Weisse Frau!* (La dame blanche!)

— La dame blanche!

— La dame blanche! appuya la voix.

— La dame blanche! gronda un chœur mystérieux.

La dame blanche était un spectre allemand qui n'apparaissait que pour annoncer quelque malheur.

Les uns pensaient que c'était l'ombre de la maîtresse de Joachim II, Anna Sydow, morte prisonnière dans la forteresse de Spandeau ; d'autres voulaient que ce fût celle d'une certaine Béatrice, comtesse d'Orlamunde, qui s'était éprise du burgrave Albert de Nuremberg ; quelques autres prétendaient que l'âme d'une nommée Bertha de Rosenberg, condamnée par une puissance surnaturelle, pour un crime mystérieux, à hanter les châteaux de ses descendants, dans les Etats de Brandebourg, de Bade, de Darmstadt, animait le fameux spectre ; quoi qu'il en soit, on croyait à l'apparition et on la redoutait.

L'individu s'essuya le front, où perlaient des gouttes de sueur, s'appuya contre un mur, et chercha à percer les ténèbres qui l'entouraient.

— Hum! grommela-t-il, la langue épaisse et en enlevant de sa tête brûlante sa perruque poudrée qu'il mit sous son bras, la dame blanche... Que peut-elle chercher par ici ? Va-t-en ! ajouta-t-il en faisant le geste de l'écarter ; va-t-en au Palais-Royal ; c'est là ta demeure ; tu y trouveras du sang princier ; tandis que chez moi...

— Je ne trouverais que du sang de porc.

— Tu m'insultes !

— Oui.

— Tu ne me connais pas !

— Si ; la preuve...

— Ha ! ha ! ha ! grâce ! grâce !

— Grâce !... ricana la voix ; tiens, chien ! voici celle que tu mérites.

Et un dernier coup de canne, plus violemment appliqué que les précédents, accompagné d'un coup de botte non moins rude, le fit tressauter comme une carpe qui tomberait vivante dans une poêle à frire où crépiterait de la graisse chaude, et le jeta par terre.

Les fous rires redoublèrent et se prolongèrent pendant une vingtaine de secondes, puis tout se tut.

Le battu resta immobile.

Quand il n'entendit plus rien, il leva péniblement sa tête alourdie par la boisson, se dressa sur ses genoux, à l'aide de ses bras, se tâta le bas des reins, regarda autour de lui.

— Je n'aurais jamais cru, marmotta-t-il, que la dame blanche portât une canne de cette grosseur et des bottes de cette épaisseur. Il m'a semblé, lorsqu'elle m'a bâtonné, sentir sur mon dos le rotin du roi. Pour ses bottes, si elle ne les a pas empruntées à Sa Majesté, elle les tient certainement de Satan. Aïe ! gémit-il en se frottant les parties lésées.

Le ciel était sombre ; la bise soufflait ; les bords de la Sprée se couvraient d'une couche de glace.

— Brrr ! fit-il en reprenant sa marche sinueuse, rentrons chez moi, je gèle ici.

Mais il eut beau tâter, examiner les murs, s'orienter, souffler, soupirer, jurer, il ne découvrit pas sa porte.

— Pourtant, il y en avait une ! dit-il, en rassemblant ses idées. Est-ce que la dame blanche l'aurait bouchée ? C'est possible. Dans ce cas, n'insistons point, il est dangereux de braver les esprits ; et puisque la dame blanche nous empêche de rentrer chez nous, allons voir la dame rouge.

Cette résolution philosophique prise, il quitta, non sans hésitation, le mur contre lequel il s'appuyait, et s'avança, en décrivant des courbes, dans la direction du quartier où demeurait *la dame rouge*, laquelle n'était autre que la dame de ses pensées.

Cet individu qui vaguait, la tête et les jambes branlantes, à deux heures du matin, par les rues de Berlin, était un des personnages influents de la cour de Prusse, et l'un des plus curieux.

Il s'appelait Jacob-Paul Gundling.

Fils d'un pasteur d'Hersbruck, il s'était fait une loi de la parole de Tacite : *Omnia serviliter pro do-*

minatione, et avait atteint aux grandeurs en s'abaissant constamment avec une platitude sans pareille devant les gens capables de le protéger.

D'abord professeur dans des colléges secondaires, ensuite titulaire de la chaire d'histoire à l'université de Berlin, il était parvenu, grâce à la recommandation de Grumbkow, un des favoris de Frédéric-Guillaume Ier, à être lecteur de la *Tabagie*, dont nous parlerons plus loin, et cela lui avait valu de la fortune, des honneurs, et aussi des humiliations.

Ivrogne comme son aïeul l'électeur Georges Guillaume, qui buvait jusqu'à dix-huit pintes de vin à son dîner, avare comme Harpagon, brutal comme un soudard, fumeur comme vingt turcs, despote comme un burgrave du moyen-âge, méprisant la politesse, les lettres, les arts, détestant les Français, Frédéric-Guillaume Ier, le second roi de Prusse, ne laissait rien à désirer en tant qu'Allemand.

Sa canne, ses bottes jouaient un rôle important dans la grossière comédie de son gouvernement, de sa vie ; il avait besoin de bouffons auxquels il pût lancer des coups de pied quand la jambe lui démangeait, contre lesquels il pût exercer les saillies éléphantesques de son esprit, et Gundling était devenu, à force de souplesse, son bouffon préféré.

Le jour de son entrée à la cour, tendant avec empressement le dos au bambou, le derrière à la botte de Sa Majesté, le vil savant s'était fait si pleutre, que Frédéric-Guillaume avait daigné lui laisser espérer qu'il aurait soin de lui.

Encouragé par ce satisfecit Gundling se précipita dans les vilenies.

Il détestait le tabac ; mais comme le roi fumait, il se mit à fumer ; il passait pour un homme sobre ; mais comme Sa Majesté aimait à boire et à faire boire, il but comme quatre ; il tenait de son père, ministre protestant, de la réserve dans les paroles, dans la tenue ; mais comme le roi avait l'habitude des propos grossiers, il ne parla plus qu'un langage crapuleux.

Jamais la flatterie, dans ce qu'elle a de plus méprisable, n'alla si loin.

Une fois, au château de Wusterhausen, où l'on entretenait des ours apprivoisés, Sa Majesté fit mettre un de ces plantigrades dans le lit de Gundling et Gundling, en rentrant le soir, tomba, sans y prendre garde, sur l'animal, qui faillit l'étouffer en l'embrassant. Il en cracha le sang durant un mois.

Une autre fois, le roi l'invita à dîner et lui envoya une chaise à porteurs dont le fond devait se détacher dès qu'il y aurait pris place, ce qui eut lieu. Il cria aux porteurs d'arrêter ; mais ceux-ci n'en coururent que plus vite, et il fut forcé de galoper tout le long du chemin.

A quelque temps de là, quatre grenadiers de la garde le surprirent nuitamment sur le pont-levis du château, dans l'état d'ébriété qui lui était particulier, lui attachèrent une corde sous les bras, le descendirent dans le fossé gelé, et l'y laissèrent jusqu'à ce que la glace eût cédé sous son poids.

La plaisanterie, dit un écrivain allemand, fut

trouvée si bonne qu'on dût la renouveler pour l'amusement de Sa Majesté, et qu'on en fit le sujet d'un tableau.

Ce n'étaient pas seulement des ours que Gundling trouvait dans son lit, c'étaient des immondices, des rats, des pétards qui, par un truc préparé à l'avance, éclataient au moment où il se glissait entre ses draps.

Il advenait encore qu'on l'obligeait à lire des articles de journaux, publiés à l'instigation du roi, et qui contenaient des imputations injurieuses contre lui ; qu'on attachait à ses habits, avec des épingles, des caricatures, des monstres en papier ; qu'on lui dessinait, lorsqu'il était aviné, des moustaches, des tatouages sur la figure avec un bouchon brûlé, ou qu'on lui présentait un cochon, un singe vêtu comme lui, singe ou cochon qu'il devait embrasser *coram populo*, sous le prétexte que *c'était son fils naturel* et tout son portrait.

Nous en passons.

Ces... farces, qui se renouvelaient incessamment entre une pinte de vin ou de bière et une pipe de tabac, finirent cependant par lasser la patience du misérable, qui, presque fou, s'échappa du Palais-Royal et se réfugia chez son frère, professeur à l'université de Halle.

Mais Sa Majesté le rappela à sa chaîne en lui signifiant qu'elle le ferait fusiller comme un déserteur, s'il tentait une seconde fugue, et, pour lui remonter un peu le moral, le combla de louanges emphathiques, lui donna mille thalers, ce qui fit crier au miracle, lui conféra le titre de comte, le nomma Chambellan et maître des cérémonies.

Fier de ces largesses inespérées Gundling reprit son collier et s'appliqua à en tirer profit, soit en faisant payer cher aux officiers de cour, dont il était le plastron, aux diplomates, son influence qui était réelle, soit en vendant sa neutralité, son silence, sa qualité lui permettant de dire impunément, devant Sa Majesté, des choses dangereuses pour ceux qu'elles visaient.

Tel était Jacob-Paul Gundling, le comte Gundling, auteur d'ouvrages d'érudition, le successeur de Leibnitz à l'Académie de Berlin.

En l'année 1727, Gundling qui comptait 54 ans et paraissait en avoir 65, avait ajouté à ses vices le ridicule de faire le galant auprès d'une Berlinoise de mœurs legères, nommée Sophie Schillingsfurst, rougeaude aux formes épaisses, à qui il servait une pension mensuelle de quinze thalers, et dont il était jaloux, surtout depuis qu'il savait que Fassmann, comme lui membre de l'Académie royale, et qui cherchait à le supplanter à la cour, tournait autour d'elle.

Gundling assommait sa belle de ses visites le matin, lorsqu'il était à jeun, et le soir lorsqu'il était ivre et que quelque pierre d'achoppement l'arrêtait sur le chemin de son quartier.

Cette pierre d'achoppement était invariablement une farce du roi ou des officiers du roi, telle, par exemple, que celle inventée pour le soir où s'ouvre ce récit, et qui avait consisté à murer la porte de la maison du savant.

Enchanté de sa plaisanterie, et voulant en jouir de visu, Frédéric-Guillaume s'était empressé de suivre son souffre-douleur quand celui-ci, abruti par la bière, le vin, était sorti de la *tabagie* pour aller se coucher.

On devine, après cela, que les voix entendues par l'académicien, les coups de canne, les coups de botte reçus par lui en cherchant sa porte, venaient de Sa Majesté et des familiers de Sa Majesté.

Lorsque, désespérant de pouvoir rentrer chez lui, le malheureux prit le parti d'aller demander l'hospitalité à sa Dulcinée, le roi, prévoyant une nouvelle joyeuseté, n'eut garde de le laisser s'éloigner seul, et il l'accompagna avec sa suite, en se dissimulant.

Gundling portait un costume qui lui donnait l'air d'un carême-prenant.

C'était l'uniforme de sa charge de maître des cérémonies, déterminé par le roi : habit rouge brodé et doublé de satin noir avec des boutonnières brodées en or et de grandes manchettes à la française, perruque à longues boucles pendantes en poil de chèvre blanc, large chapeau orné d'une plume d'autruche, culotte courte couleur paille, bas de soie rouges à coins brodés en or, souliers à talons rouges.

Sa clef officielle de chambellan devait demeurer attachée à sa boutonnière ; mais, l'avant-veille, tandis qu'il cuvait son vin dans une salle du Palais-Royal, le roi la lui avait enlevée. A son réveil, menacé d'être traité comme un soldat qui aurait perdu son fusil, il s'était vu contraint, pour punition, de porter en bandoulière une clef en bois d'une aune de longueur.

Cette clef, qui lui battait tantôt la tête, tantôt les mollets, dans laquelle il se prenait les jambes, l'irritait extraordinairement, sans qu'il osât s'en débarrasser, le roi lui ayant ordonné, sous des peines terribles, de la garder jusqu'à ce qu'il eût retrouvé sa clef officielle.

Après un quart d'heure de marche en ziz-zag, il arriva, son chapeau et sa perruque sous le bras, devant la bicoque de sa Sophie.

C'était une construction en briques et en chêne avec un toit pointu et un balcon à l'unique fenêtre du premier étage.

— Sophie ! brailla-t-il en frappant à la porte avec sa clef en bois, ouvrez-moi !

— Sophie, ouvrez-lui ! répéta aussitôt une voix plaintive.

— Hein !... Est-ce que la dame blanche m'aurait suivi ?

— Elle t'a suivi.

— Voilà une persistance bouffonne, dit-il en s'avançant d'un pas dans l'obscurité et en brandissant sa clef.

— Arrière ! commanda la voix.

— Arrière toi-même, infâme femelle !

Et, joignant l'acte aux paroles, il se mit à faire des moulinets avec sa clef, en vociférant : « Tiens ! tiens ! » et en se démenant de telle sorte que, perdant l'équilibre, il s'étala dans le ruisseau qui partageait la rue en deux.

Sa mésaventure excita l'hilarité de l'ombre qui le persécutait.

Il se releva exaspéré, et se rua contre la porte de la maison de sa demoiselle, en criant, à se rompre les vaisseaux : « Sophie, ouvrez-moi ! Sophie, c'est moi, Jacob ! Pardieu ! coquine, ouvrez-moi ! »

Au bout de trois minutes, la fenêtre de l'appartement de Sophie s'ouvrit et un homme, en chemise et coiffé d'un bonnet de nuit, se pencha sur le balcon.

— Quel est le truand qui se permet ce vacarme? demanda-t-il.

— Le truand ! exclama Gundling indigné, le truand !... c'est moi, Jacob-Paul, comte Gundling, président de l'Académie des sciences, maître des cérémonies, lecteur, chambellan du roi, conseiller des finances, surintendant des mûriers et des vers à soie de la monarchie prussienne, entends-tu, ribaud ! Et toi, qui es-tu?

— Moi, je suis Fassmann, membre de l'académie de Berlin, ton maître quand tu voudras.

— Fassmann chez Sophie, la nuit !...

— Oui, Fassmann chez Sophie, qui te prie de la laisser en paix, et me charge de t'envoyer cette douche.

— A l'assassin ! hurla Gundling, recevant sur la

tête le contenu d'un vase nocturne et en s'essuyant la figure avec sa perruque déjà souillée de fange, pendant que les rires reprenaient près de lui, et que Fassmann refermait la fenêtre.

A cet instant, des bourgeois croyant qu'on s'égorgeait dans la rue, mirent le nez dehors et crièrent : « Au meurtre ! à la garde ! »

Unepatrouille accourut, empoigna Gundling, et, comme celui-ci, sous l'influence du vin, de la colère, repoussait, menaçait les gardes, parlait de ses titres, de sa haute position, du roi, qui ne manquerait pas de punir ceux qui oseraient porter la main sur son chambellan, la patrouille le prit pour un fou furieux, et malgré ses protestations, l'entraîna au poste voisin.

II

LA TABAGIE

Le lendemain, ou plutôt le soir, puisque la scène précédente s'était passée vers trois heures du matin, Frédéric Guillaume fumait, buvait, attablé dans la *tabagie*, au milieu de ses compagnons habituels.

Les jeunes princes venaient de souhaiter le bonsoir à sa Majesté ; huit heures sonnaient.

La *tabagie*, tabacks-collegium, était un endroit du palais royal où, tous les soirs, Frédéric-Guillaume Ier politiquait, écoutait la lecture des gazettes, se divertissait aux dépens de son bouffon, avec ses conseillers et ses généraux.

Chaque résidence royale possédait un refuge de ce genre.

Décorée dans le goût hollandais, avec de la vaisselle de faïence bleue, des pintes, des verres sur un dressoir, des bancs, des chaises de paille, et, sur une table principale, des cruches de bière d'où le liquide s'écoulait au moyen de robinets, dans des pots et des chopes, la *tabagie* de Berlin passait pour le modèle du genre.

Un buffet plein de plats, d'assiettes, de couteaux, de fourchettes, contenait aussi des viandes froides ; à côté apparaissait un fût de vin du Rhin, le futur sarcophage de Gundling, flanqué d'un baril d'eau-de-vie ; en face s'élevait une sorte de chaire, du haut de laquelle le lecteur de la cour lisait les nouvelles contenues dans les gazettes de Berlin, de Hambourg, de Leipzig, de Francfort, de Vienne, de La Haye, d'Amsterdam, de Breslau, de Paris, que Sa Majesté recevait régulièrement.

La *Gazette* de Paris, la suite de celle fondée par Renaudot, provoquait invariablement des sarcasmes caustiques ; pourtant, c'était la seule dont la lecture intéressât vraiment ; mais on détestait la France et les Français à la cour de Frédéric-Guillaume Ier.

Pourquoi ?

On aurait été embarrassé de l'expliquer, car, chose notable, cette Prusse, destinée à se trouver sans cesse à la tête de nos ennemis, à nous piller, à nous démembrer, à nous rançonner sans merci, devait la moitié de sa fortune aux Français.

Lors de la révocation de l'édit de Nantes (1685), la Prusse, dépeuplée par la guerre de trente ans, ressemblait à un désert.

Désireux de la rendre à la vie, d'infuser dans ses

provinces épuisées l'agriculture, le commerce, l'industrie, son souverain, le grand-électeur Frédéric-Guillaume, secondé par les mesures impolitiques et barbares de Louis XIV, appela ceux de nos compatriotes que l'intolérance chassait de leurs foyers.

Vingt-cinq mille répondirent à son appel, et c'est de ces vingt-cinq mille Français, qui portèrent dans le Brandebourg des capitaux, l'amour du travail, de la littérature, des beaux-arts, la connaissance des industries les plus utiles, que sortit, en partie, la Prusse, qui, trois fois, a envahi notre patrie !

La *tabagie* comptait une trentaine d'habitués, presque tous officiers supérieurs, qui devaient y paraître avec leurs insignes et leurs décorations. On citait parmi eux : le général comte Alexandre Donhoff, directeur des spectacles de la cour, le général David Gottlob von Gersdorf, le prince d'Anhalt-Dessau, Egidius Ehrenreich von Sydow, Christian-Guillaume von Derschau, Grumbkow, le général Tettau qui, après la mort du fastueux Frédéric Ier, signifiant leur congé aux dignitaires de la cour, de la part de Frédéric-Guillaume Ier, avait dit : « Messieurs, notre excellent maître est mort, et le nouveau roi vous envoie tous au diable. »

Indépendamment de ses membres la tabagie recevait les étrangers de distinction, les représentants des puissances, par exemple : l'envoyé d'Autriche, Seckendorf, très en faveur, le général hollandais Ginckel, et les princes ou personnages importants de passage à Berlin.

Le roi y venait des premiers, en sortant de chez la reine où l'on mettait toujours son couvert, où il se rendait vers sept heures, mais où il restait rarement plus d'une demi-heure.

Dès que Sa Majesté avait pris place, ayant devant elle, comme ses convives, une pinte remplie de bière et à la bouche une pipe de porcelaine, on renvoyait les domestiques, afin que la liberté fût entière, et les conversations au gros sel commençaient.

Ceux qui lançaient les phrases les plus épicées, qui buvaient le mieux, qui fumaient le plus étaient les favoris du roi, lequel, dit bonnement un historien, se montrait ravi lorsque les princes étrangers, en visite au *tabacks-collegium*, se trouvaient étourdis par la bière forte qu'on y buvait ou indisposés par la fumée du tabac.

Frédéric-Guillaume fumait jusqu'à *trente pipes* dans une soirée ; ses familiers, par courtisanerie, en brûlaient presque autant chacun ; qu'on juge par là si la *tabagie* méritait son nom.

Les délicats de ce club *sui-generis*, que le tabac incommodait, comme le vieux prince Dessau et Seckendorf, n'en avaient pas moins une pipe à la bouche, pour plaire à Sa Majesté, et s'appliquaient à imiter, par le mouvement de leurs lèvres, l'action de fumer.

Des nuages âcres emplissaient la tabagie quand Gundling y fit discrètement son entrée.

Mal peigné, mal poudré, pâle, fatigué, il n'avait pas la mise soignée qui convenait à son grade.

Son habit rouge brodé, sa culotte couleur paille, ses bas rouges étaient affreusement tachés.

— Ha ! ha ! voilà Gundling, fit le roi en l'apercevant ; avance, barbouilleur de papier, et confesse pourquoi tu viens si tard ?

Gundling balbutia une excuse ; Sa Majesté et ses officiers l'arrêtèrent en lui riant au nez.

« Je comprends, pensa le savant ; c'est à mon auguste maître que je dois d'avoir passé la nuit dernière et toute la journée dans un poste de police. Je m'en doutais. »

— Comme te voilà accommodé ! continua Frédéric-Guillaume. Que t'est-il arrivé ?

— Sire...

— Et ta clef ?

— Ma clef !... ânonna Gundling s'apercevant, qu'en effet, il n'avait plus, en bandoulière, la clef de bois que Sa Majesté l'avait condamné à porter pour le punir d'avoir *égaré* sa clef officielle de chambellan.

— Oui, ta clef ? dit le roi, faisant mine de jeter sa chope à la tête du savant.

Celui-ci poussa un cri et se blottit près du buffet.

Frédéric-Guillaume partit d'un nouvel éclat de rire.

— C'est Fassmann qui la lui a volée pour le faire fusiller et rester seul possesseur de ce trésor de grâce et d'amour qui a nom Sophie Schillingsfurst, avança le général Gottlob von Gersdorf.

— Fassmann ! sacra Gundling en serrant les poings.

— Là ! ne ravivez pas ses douleurs. Allons, poursuivit Sa Majesté, en faisant signe à un valet d'apporter du vin, calme-toi, bois un coup, fume une pipe, et lis-nous les gazettes ; je consens, pour cette fois à te pardonner.

Gundling essaya un sourire de remercîment, but en faisant rubis sur l'ongle, alluma une pipe, et monta à sa chaire.

— Voyons, reprit le roi, qu'y a-t-il dans les papiers publics ?

Gundling ouvrit les journaux.

Là il était une autorité, sans en avoir l'air, car il pouvait commenter à son gré les passages qu'il choisissait, et souvent les représentants des puissances étrangères croyaient indispensable, dans l'intérêt de leurs missions, d'acheter son silence.

L'envoyé d'Autriche, Seckendorf, écrivait au prince Eugène, en 1726, le 23 octobre, que « personne ne faisait plus de mal aux Autrichiens qu'un certain conseiller privé nommé Gundling, astreint, malgré lui, au rôle de bouffon, en permanence auprès du roi, considéré comme un oracle *in publicis*, et qui, toutes les fois qu'il était question des affaires d'Autriche, insinuait de faux principes dans l'oreille de Sa Majesté. » Seckendorf ajoutait « qu'il serait prudent de s'assurer de lui en lui offrant une chaîne d'or avec le portrait de l'empereur en miniature. »

Le cadeau avait été fait, et le représentant de la cour de Russie s'était empressé de suivre cet exemple.

Quand il occupait son poste de lecteur, Gundling ne manquait pas de se venger de ceux qui l'avaient humilié, aussi son apparition en chaire donnait-elle parfois des sueurs froides aux membres les plus considérables du club.

L'année 1727 ne le cédait en rien aux précédentes en événements importants : c'est cette année là que l'Espagne, l'Angleterre, la Hollande, la Prusse, l'empire d'Allemagne, la Russie, signèrent à Paris les préliminaires d'une paix générale, qu'Isaac Newton, le père de la physique expérimentale, mourut, que la Perse et la Turquie firent la paix, que Catherine Ire de Russie mourut, que se donnèrent carrière les folies des convulsionnaires sur la tombe du diacre janséniste Pâris, etc.

Gundling avait de quoi lire.

Il regarda quelques gazettes insignifiantes, ensuite, pour toucher la corde sensible du roi et tomber, à son aise, sur ceux à qui il en voulait particulièrement, il déploya les feuilles qui, d'ordinaire, daubaient la France et les Français.

« C'était une chose assez scabreuse, raconte Vehse, un des panégyristes de Frédéric-Guillaume Ier, que de rencontrer le roi dans les rues. Lui prenait-il fantaisie d'aborder quelqu'un, il poussait son cheval vers lui, jusqu'à ce que la tête de l'animal touchât l'épaule de l'individu. Puis venait l'inévitable question : « Qui êtes-vous ? » Ceux qui avaient l'air d'être Français ne manquaient jamais d'être ainsi arrêtés par lui. Un d'eux répondit très-prudemment à son interrogation : « *Qui êtes-vous*? » en disant qu'il ne comprenait pas le français. Il arrêtait jusqu'aux prêtres français, et leur demandait toujours s'ils avaient lu Molière, voulant ainsi leur donner à entendre qu'il ne les considérait que comme des comédiens. Le fils de Beausobre, pour qui Frédéric le Grand avait tant d'estime, répondit à cette question stéréotypée : « Oui, sire, et surtout l'*Avare*. » Une vive répartie comme celle-là ne déplaisait pas à Frédéric-Guillaume.

— Les Jansénistes continuent leurs bêtises, dit Gundling en parcourant la *Gazette* de la Haye et celle de Francfort ; le cimetière de Saint-Médard, où ils allaient exercer sur la tombe du diacre Pâris, ayant été fermé par ordre de Louis XV, les convulsions et les extases reprennent dans les maisons particulières. Quand il s'agit de ridicule, on est certain de rencontrer les Français au premier rang.

Le roi et ses officiers applaudirent à cette sortie, qui valut à son auteur un grand verre de vin.

Il n'y avait, il est vrai, aucun français dans la tabagie.

Gundling engloutit le contenu du verre comme un homme altéré par une soûlerie récente.

— Encore ! dit Sa Majesté en lui versant une seconde rasade, il faut que tu vides ce tonneau qui sera ton cercueil, je te le promets. Je lui rendrai ainsi, après ta mort, ce que tu lui auras soutiré en détail de ton vivant.

Les membres du club couvrirent de hourras cette funèbre plaisanterie; Gundling grimaça, et poursuivit sa lecture en l'agrémentant de commentaires acérés.

Il terminait sur le compte des Français et se préparait à prendre à partie ceux qu'il supposait complices du roi dans ses dernières mésaventures, lorsqu'un nouveau personnage pénétra dans la tabagie.

C'était Fassmann, son ennemi, l'homme qui, en attendant le moment de le remplacer à la cour, le remplaçait chez sa belle, Fassmann, mandé par Frédéric-Guillaume pour donner une queue à l'histoire de la nuit précédente.

— Voilà Fassmann! s'écria le monarque en retirant sa pipe de sa bouche. Bonjour, comment va-t-il? (*Wie geht's?*)

Fassmann, confus de l'honneur, s'inclina en rougissant de plaisir.

Gundling avalait à ce moment sa troisième pinte de vin; il laissa retomber son verre, plutôt qu'il ne le reposa sur la tablette de sa chaire, et fixa des yeux enflammés sur son rival.

— Et Sophie Schillingsfurst? demanda sa Majesté.

— Elle va bien, répondit Fassmann d'un air vainqueur et en lançant un regard de défi à Gundling, que la colère, la jalousie, torturaient.

— Tant mieux.

Puis, remarquant que Fassmann portait sous e bras un rouleau de papier :

— Qu'est-ce que cela?

— Sire, c'est le poëme que vous avez daigné me commander.

— Le poëme?... répéta Frédéric-Guillaume feignant la surprise.

— L'*Ane savant*.

— Ah ! je sais : l'*Ane savant*, que tu dédies à ton ami Gundling?

— Oui, sire.

— A merveille ! Tu vas le lui donner.

— Sire !... hasarda Gundling, d'une voix étranglée et en descendant lentement les degrés de sa chaire.

— La modestie est ici hors de raison ; point de fausse honte : le poëme de Fassmann n'est qu'un juste hommage à ton mérite.

— Hourra pour Gundling ! gouaillèrent les assistants.

— Tu vois, insista le roi soulignant cette acclamation ironique ; allons, Fassmann, présente ton œuvre.

Fassmann s'avança, en souriant méchamment, vers Gundling qui, debout près du buffet, tremblait de tous ses membres.

— Monsieur, lui dit-il, j'ai l'honneur de vous offrir ce travail intitulé : l'*Ane savant*, que je vous ai dédié, et dans lequel je crois avoir mis la plupart des traits qui vous distinguent et vous ont rendu fameux.

Un long éclat de rire salua ce compliment.

Gundling demeura quelques secondes paralysé par les sentiments divers qui l'agitaient ; tout à coup, emporté par un accès de furie en entendant les gausseries des membres du club et en sentant sous son nez le rouleau de papier de Fassmann, il prit, sur un dressoir, un petit réchaud en argent rempli de poussier de braise servant à allumer les pipes, et le lança à la tête de son ennemi.

Fassmann poussa un rugissement de douleur et porta ses mains à sa figure.

Ses sourcils, ses cils étaient brûlés, et, pour comble de vexation, la galerie battait des mains.

Mais Fassmann n'était pas homme à se laisser aplatir.

Le premier saisissement passé, il se redressa, les poings crispés, les dents serrées, et tomba sur Gundling avec une telle impétuosité que celui-ci roula sur le plancher.

« Mords-le ! frappe-le ! Là ! dans le gras, bravo, Gundling ! bravo, Fassmann ! à la bonne heure ! Pour Sophie Schillingsfurst, ce coup là ! vivat ! A toi Gundling !... » braillèrent vingt voix.

Le pugilat, accompagné d'un brouhaha assourdissant, se poursuivait au milieu des tables, des chaises renversées, des cruches, des chopes brisées, quand, par ordre du roi, que cette casse émouvait, quatre généraux empoignèrent les champions par... le bas des reins, et les remirent sur pied, chacun d'un côté.

L'un saignait du nez, l'autre des dents ; Gundling n'avait plus de culotte, Fassmann n'avait plus de gilet.

— Ha ! ha ! ha ! rit à ventre déboutonné Frédéric-Guillaume, voilà une bataille, ou je ne suis qu'un pédant. Qu'en dites-vous, Donhoff, et vous Gottlob, et vous Ginckel, et toi, Tettau, qui vous y connaissez ?...

Les généraux interpellés, ceux qui venaient de faire l'office de médiateurs, répondirent affirmativement en riant, eux aussi, à se tenir les côtes.

— Brigand ! vociféra Gundling en montrant le poing à Fassmann.

— Ane bâté ! répliqua ce dernier.

— Assassin !

— Stupide animal !

— Porc !

— Sac à vin !

— Rufian !

— Hé ! là ! toussa Sa Majesté, cherchant à reprendre son sérieux, ce n'est pas de la sorte qu'une querelle se vide entre gens qui se respectent : c'est sur le terrain, à pied ou à cheval, l'épée ou le pistolet au poing.

— Ça m'est égal, déclara Fassmann avec exaltation ; où il voudra, quand il voudra, et avec les armes qu'il choisira, le lâche !

— Tu l'entends, dit gravement Frédéric-Guillaume, à son chambellan ; il te propose de te rendre raison.

— Je ne veux rien de ce misérable, repartit

Gundling ; qu'il retourne au diable, d'où il vient, et me laisse en paix.

— Pour la dignité de la tabagie, où a eu lieu l'insulte, tu ne peux refuser son cartel. C'est entendu. Vous vous rencontrerez demain dans le parc du palais. L'arme sera le pistolet d'arçon. Le combat ne cessera que lorsque l'un de vous aura reçu une grave blessure. Nous vous servirons tous de témoins.

— J'accepte ! s'écria Fassmann, dont l'exaltation augmentait.

— Mais... objecta Gundling, pâlissant.

— Tu dois accepter également. Fassmann, Gundling accepté. Rendez-vous demain matin, à huit heures, derrière le palais ; nous apporterons les armes.

— Je ne puis cependant pas... pleura Gundling.

— Pour l'honneur de la cour, dont vous êtes un des dignitaires, comte, fit sévèrement Frédéric-Guillaume, plus un mot.

Gundling, ahuri, baissa la tête.

— Reconduisez-les chacun chez soi, ajouta Sa Majesté en s'adressant à divers officiers, placez des factionnaires à leurs portes, et qu'ils se préparent à bien se battre et à bien mourir.

— A bien mourir !... frissonna Gundling.

— Allez !

Gundling et Fassmann sortirent : l'un en proie à une colère violente, l'autre sous le poids d'une prostration voisine de l'abrutissement.

Quand ils eurent disparu, les rires recommencèrent dans la tabagie ; le roi et ses familiers fumèrent encore quelques pipes, burent encore quelques chopes et s'en donnèrent encore à cœur joie pendant une heure, aux dépens des deux académiciens.

III

LE DUEL

Le lendemain matin, à huit heures, Frédéric-Guillaume et son entourage se promenaient au fond du parc du Palais-Royal, dans une avenue bordée de grands arbres, quand un piquet de grenadier amena les savants.

Le temps était froid, mais sec et favorable pour une partie d'honneur.

Fassmann avait hâte d'en finir ; Gundling, au contraire, voyait s'avancer le moment fatal avec une profonde terreur.

Sa Majesté fit apporter six paires de pistolets, dont la vue seule glaça d'épouvante son chambellan.

Le général Tettau chargea ostensiblement ces instruments de destruction.

Le roi et les membres de la tabagie étaient d'une gaieté qui contrastait avec l'attitude tragique des deux adversaires ; tous fumaient ; quelques-uns buvaient des verres de genièvre, que leur versait un valet chargé d'une dame-jeanne pleine de cette liqueur.

— Les armes sont prêtes, dit le général Tettau.

— Qu'on place les combattants, ordonna Frédéric-Guillaume.

Gundling et Fassmann, entourés de généraux qui leur prodiguaient des encouragements excentriques, se trouvaient à une quarantaine de pas l'un de l'autre ; on les rapprocha en les tirant par les bras.

Gundling ne voulait point avancer prétendant qu'il serait toujours assez près de son odieux rival ; mais le roi ayant décidé qu'on mettrait les adversaires à une distance de dix pas, bon gré, malgré, il fallut obéir.

— Il va m'assassiner ! soupira Gundling avec désespoir.

— Défendez-vous, sacredieu ! répliqua rudement le général David Gottlob von Gersdorf ; le diable m'emporte, vous avez plutôt l'air d'une poule mouillée que d'un comte, d'un chambellan de la cour de Prusse.

La pusillanimité de Gundling remplit Fassmann d'assurance, d'audace : « Je vais le tuer, l'âne, l'ivrogne, l'infâme ! » proclama-t-il fiévreusement.

Et plus il répéta cela, plus Gundling sentit le cœur lui manquer.

On présenta un pistolet à chacun des champions.

Gundling refusa d'abord de prendre le sien; Fassmann, au contraire, arracha son arme des mains du général Donhoff.

— Messieurs, dit le roi, les conditions de votre rencontre sont celles-ci : vous tirerez l'un après l'autre ; le premier tirera au commandement de : feu ! Le second tirera immédiatement après le premier. Le duel ne cessera que lorsque l'un de vous deux sera hors de combat. Gundling étant l'offensé tirera le premier.

— Comment !... se récria Fassmann.

— Silence ! tonna le général Tettau ; on ne parle pas sous les armes.

— C'est que...,

— Tarteifle ! sacra à son tour le général von Gersdorf, en frappant du pied.

Fassmann se tut.

Les témoins s'éloignèrent et laissèrent les académiciens en présence.

Gundling tremblait comme la feuille; ses jambes ne pouvaient plus supporter son corps, une sueur abondante coulait sous sa perruque.

Fassmann, quoique désagréablement surpris de savoir qu'il devait essuyer le feu de son adversaire, faisait assez bonne contenance.

— Attention ! commença le roi.

Fassmann arma son pistolet.

Le craquement du chien fit blêmir Gundling, qui, lui aussi, essaya de se préparer.

— Joue ! continua Sa Majesté, d'une voix vibrante.

— Joue ! répéta machinalement Gundling en tressaillant et avec des regards effarés.

— Feu ! acheva le roi.

A ce commandement, Gundling sauta comme un cabri, poussa une exclamation rauque, jeta loin de lui son arme et bêla, suffoqué par la peur : « Non, non, jamais, jamais ! »

— Ah ! lâche coquin ! Tiens ! vociféra Fassmann, d'autant plus brave que son adversaire était plus couard, et en déchargeant son pistolet.

Gundling tomba et demeura privé de sentiment, *perinde ac cadaver*.

— Il est mort ! dirent les uns, les autres, avec une frayeur simulée.

— Non, repartit le roi, qui s'était avancé le premier au secours de son chambellan ; mais il brûle.

— Il brûle ?

— Oui. De l'eau, vite, vite, là, dans le bassin, avec cet arrosoir oublié sur l'herbe. Au feu ! au feu !

— Au feu ! beuglèrent les assistants en se bousculant pour aller chercher de l'eau.

Gundling n'était pas mort, en effet, les pistolets ayant été chargés à poudre seulement ; mais il brûlait : Fassmann avait incendié sa perruque en tirant de trop près.

Une demi-douzaine d'arrosoirs d'eau le rappelèrent à la vie et éteignirent son feu.

Quand il rouvrit les yeux, son rival, contraint par les témoins, lui versait le sixième arrosoir sur la tête.

— Assassin ! hurla-t-il en se redressant, les oreilles roussies, et trempé comme un rat d'égout.

Fassmann brandit son arrosoir.

— Hé ! fit le roi, le duel est terminé ; bas les armes et embrassez-vous.

— Nous embrasser ! s'écrièrent simultanément et avec une même horreur les deux ennemis.

— Sans doute ! Allons, tarteifle ! ajouta Sa Majesté en levant sa canne, embrassez-vous où je vous fais fusiller.

« Embrassez-vous ; obéissez, coquins ! » ordonnèrent, à leur tour, les généraux et les autres personnages.

Gundling et Fassmann demeuraient immobiles.

— Va donc, animal ! sacra le roi en donnant, par derrière, à ce dernier, un coup de botte qui le précipita dans les bras de Gundling.

Les deux savants s'étreignirent en grinçant des dents et en s'enfonçant mutuellement les ongles dans le dos, après quoi ils se séparèrent comme des pestiférés, la bouche écumante.

— A la bonne heure ! Et maintenant que vous voilà réconciliés, allez vous reposer de vos émotions en mangeant un jambon de Mayence arrosé de bière de Konigslutter, chez la belle Sophie Schillingsfurst, et n'oubliez pas que nous vous attendons ce soir. Messieurs, acheva le prince en se tournant vers ses généraux, laissons ces amis en paix et allons déjeuner.

Quittant alors l'avenue, Frédéric-Guillaume se dirigea du côté du château, et dès qu'il fut loin, Gundling et Fassmann s'éloignèrent, l'un à droite, l'autre à gauche, en proie à une rage fébrile, impossible à décrire.

V

LA FIN DE GUNDLING

L'existence tourmentée de Gundling dura trois ans et demi encore dans ces conditions.

Enfin le diable eut pitié du triste pitre et l'enleva en 1731, à Potsdam, à l'âge de 58 ans.

Un ulcère aux intestins, causé par l'alcoolisme, amena sa mort.

Frédéric-Guillaume Ier lui fit des funérailles dignes de sa vie.

Par ordre souverain, le tonneau de vin du Rhin qui meublait un des coins de la tabagie, en 1727, avait été mis à part pour servir de cercueil au bouffon-chambellan ; c'est dans ce tonneau que Gundling fut porté en terre, en dépit des remontrances du clergé, disent des mémoires du temps.

Tels étaient, au dix-huitième siècle, les plaisirs de la cour de Berlin.

Et si quelque lecteur nous accusait d'avoir chargé le tableau, nous lui répondrions que nous l'avons, au contraire, adouci.

A PARIS! A PARIS!

A mon ami Auguste Azambre

I

POUR UNE BOUTEILLE DE JOHANNISBERG

— A la santé de notre capitaine de Gargern !

— A sa santé ! répétèrent bruyamment une demi-douzaine d'officiers de dragons prussiens attablés dans une des salles du restaurant Mehrer, à Magdebourg.

— Puisse Luther lui ouvrir à deux battants les portes du paradis ! ajouta celui qui avait porté le toast.

— Hourra ! pour le capitaine en paradis ! brailla un des officiers d'une voix avinée ; mais, poursuivit-il, en retournant une bouteille vide, la route du ciel est aride et sèche, arrosons-là, mes frères, avec deux ou trois autres flacons, trois plutôt, de ce vin de

Johannisberg, que Mehrer va nous compter un prix exorbitant, cela aidera notre ami à gravir le sentier agreste et rocailleux qui conduit à l'entrée du séjour des élus.

Un éclat de rire prolongé salua cette périphrase bachique, puis les officiers se mirent à frapper sur la table avec leurs couteaux, leurs verres, leurs assiettes, avec tout ce qu'ils avaient devant eux.

— Voilà ! voilà ! cria Mehrer, le patron de l'établissement, accourant, la serviette sous le bras et le sourire aux lèvres, comme il convient à un restaurateur intelligent qui a chez lui des clients sérieux.

— Du vin ! commanda, d'un ton arrogant, l'officier qui avait parlé le premier, et du bon, du *schloss Johannisberger*.

— Vos seigneuries savent qu'il vaut, cette année, sept thalers, avança Mehrer, le plus doucement du monde, et en manière d'avis.

— Sept thalers ! exclamèrent avec indignation les officiers.

— Tout autant, répliqua le Vatel, du même air angélique. Depuis que l'empereur Napoléon a gratifié, Dieu sait en vertu de quel droit, le maréchal Kellermann, duc de Valmy, du château et de la colline de Johannisberg, le *schloss Johannisberger* est introuvable.

— Nous saurons en découvrir quand nous irons en France, affirma orgueilleusement un lieutenant haut de jambes et parfaitement poudré ; en attendant, apportes-en le plus possible ; tu entends ?

— Il ne m'en reste qu'une bouteille, et je viens de la promettre à cet étranger qui achève de dîner.

Et Mehrer désigna de la tête un homme assis dans un coin de la salle commune.

— Cet étranger s'en passera, déclara le lieutenant en élevant la voix.

— C'est que je lui ai répondu qu'il allait être servi.

— S'il réclame tu lui diras que nous avons exigé le flacon.

— S'il se fâche ?

— Tu nous appelleras, fit insolemment le lieutenant, en affectant de parler plus haut pour être entendu des dîneurs de la grande salle.

Le restaurateur s'inclina et se dirigea vers sa cave.

En passant près de l'étranger, il remarqua que celui-ci prêtait l'oreille dans la direction du cabinet où achevaient de se griser les officiers.

— Hum ! gourgossa-t-il, nous allons peut-être nous amuser. Je gage que cet individu est Français. Il en a l'air. Quelle figure patibulaire ! quel air insolent ! Non, monsieur, non, il n'y a pas de *schloss Johannisberger* pour vous quand les glorieux soldats du grand Frédéric en ont à peine assez pour eux. Vous vous en passerez, je le jure, et s'il vous prend fantaisie de faire le matamore, selon l'habitude de vos compatriotes, vous trouverez à qui parler.

Tout en disant cela, Mehrer ouvrit une porte

épaisse, au fond de sa cave, et prit avec précaution, sur un lit de paille, la dernière bouteille en question.

En haut, les officiers bourraient leurs pipes, apprêtaient leurs verres et continuaient à s'entretenir du capitaine Gargern auquel nous les avons entendus porter un toast.

Ce capitaine était un original de leurs amis, un de leurs camarades de régiment, mort la semaine précédente, et qui leur avait laissé à tous les six, par testament, dix-neuf cents thalers, trois cents pour chacun, à la condition qu'ils les emploieraient à faire ensemble ou séparément, dans un temps donné, un voyage d'agrément à Paris, et cent thalers pour célébrer ses funérailles dans un bon dîner.

Le dîner, nous venons de le voir, ils étaient en train de le manger; quant au voyage, ils se proposaient de l'effectuer prochainement, non pas seulement de compagnie, mais avec leur régiment.

On était au commencement d'octobre de l'année 1806; une quatrième coalition, due surtout à la gallophobie de la Prusse, s'était formée contre la France; Napoléon avait quitté Paris pour prendre le commandement de son armée, le roi de Prusse Frédéric-Guillaume III dirigeait la sienne, les hostilités étaient imminentes, et la confiance la plus aveugle sur l'issue de la lutte qui allait s'engager régnait dans l'armée prussienne.

Il y avait près de quatorze ans que la France promenait en Europe son drapeau triomphant, et les officiers prussiens parlaient d'une guerre avec elle comme d'un jeu.

Ils étaient tellement sûrs de vaincre dès les premières mousquetades, qu'ils se chargeaient tous, avec affectation, des commissions de leurs maîtresses pour notre capitale, et promettaient de rapporter les dépouilles des boutiques des joaillers et des bijoutiers du Palais-Royal.

Le doute n'était permis à personne sur l'issue de la lutte, et celui qui aurait eu l'imprudence de hasarder que l'armée prussienne n'arriverait peut-être pas sans difficulté sur les bords de la Seine, eut couru le risque d'être lapidé.

— Oui, nous visiterons Paris, dit un des officiers, mais aux dépens des Français, et nous rapporterons en Allemagne les thalers de Gargern.

A ce moment le restaurateur remonta de sa cave avec la précieuse flûte.

— Hé! fit l'étranger, en l'arrêtant par sa veste; ma bouteille?

— Votre bouteille?...

— Oui, celle que je vous ai commandée et que vous m'avez promise.

— Mon Dieu, monsieur, je suis désolé; j'avais oublié que ces nobles officiers qui achèvent de dîner, là, chez moi, m'ont retenu, tantôt, ce qui me reste de *schloss Johannisberger*; or, vous comprenez...

— Je comprends que vous êtes un farceur et que

vous allez me servir ; vous vous arrangerez comme il vous plaira avec vos officiers.

— Impossible, protesta Mehrer en essayant de se dégager.

— Allons donc !

Et l'étranger lui enleva le flacon.

Le restaurateur rougit jusqu'aux oreilles ; l'étranger déboucha la bouteille et remplit tranquillement son verre.

Mehrer tourna ses gros yeux ronds vers les officiers, qui avaient suivi la scène, et leur cria, suffoqué :

— « Il me l'a prise ! »

— Attends, dit le lieutenant qui avait parlé haut précédemment, en se levant, en rajustant son sabre et en se dirigeant vers l'amateur de Johannisberg.

Celui-ci se disposait à boire.

Le lieutenant lui toucha le bras du fourreau de son sabre.

— Repose ce verre sur la table et remets ce vin dans cette bouteille, coquin, articula-t-il du ton d'un planteur qui menacerait un esclave de son fouet, ou sinon...

L'étranger pâlit, et sans se troubler, sans bouger, sans lâcher son verre :

— C'est à moi que vous parlez ? fit-il en regardant le lieutenant.

— Oui, c'est à toi, drôle.

— Puis-je, dans ce cas, vous demander à qui j'ai l'honneur de répondre ?

— Au comte de Stolferfoth, officier de dragons prussiens ; mais que t'importe maroufle ?

— Il est toujours bon de savoir à qui l'on a affaire, ajouta l'étranger, souriant presque, et en se préparant à boire.

— Ha ça, m'as-tu compris, triple animal, persista le lieutenant en lui arrêtant de nouveau le bras du bout de son fourreau. Je t'ai ordonné de reposer ce verre sur cette table et de remettre ce vin dans cette bouteille.

— Pardon, monsieur le comte de Stolferfoth, nous avons la tête un peu dure, nous autres Tourangeaux.

— Tourangeau... qu'est-ce que cette bête-là ?

— C'est une bête de France, qui ne se laisse pas insulter impunément par des malotrus de ton espèce, entends tu, monsieur le Prussien ? riposta l'étranger en se dressant vivement et en appliquant au lieutenant la plus vigoureuse paire de soufflets qui jamais eût été donnée.

Le comte poussa un cri rauque, se recula d'un pas et dégaîna.

— Bas les armes, ivrogne, continua l'étranger, et puisque tu aimes tant le *schloss Johannisberger*, bois cela !

Ce disant il lui envoya, en pleine figure, le contenu de son verre.

Les officiers, l'hôte, les Allemands qui se trouvaient dans la salle commune accoururent, moins pour s'interposer que pour faire un mauvais parti à l'instrus.

Le lieutenant, blême de rage, menaçait celui-ci de son sabre, et ses camarades semblaient plus disposés à l'aider qu'à le retenir.

— Je savais bien que les Prussiens étaient des vantards, reprit le Français en parant à temps, avec une chaise, un coup de pointe que lui portait le comte, mais j'ignorais qu'ils fussent des assassins.

Cette apostrophe, lancée avec vigueur, arrêta les officiers.

Le trouble, l'émotion, le tumulte étaient extrêmes dans le restaurant.

— Il faut que je le tue ! vociféra Stolferfoth, en s'essuyant la figure et la tête du revers de sa manche gauche.

— Voici mon nom, dit le Français, tirant sa carte de son portefeuille et la passant à un des officiers.

Le comte arracha la carte de la main de celui qui l'avait reçue.

— Amédée Dutacq... lut-il avec un dédain méprisant, qu'est-ce que cela ?

— Cela, répliqua simplement le Français, c'est moi.

— Un roturier.

— Nous le sommes tous en France depuis 1789.

— Un professeur de mathémathiques...

— Et de savoir-vivre.

— Je ne me bats pas avec un individu de votre sorte.

— Vous préférez vous faire battre par lui ; à votre aise. Quant à moi, je ne réclame rien.

— Mais tu m'as outragé, tu ne périras que de ma main, canaille ! jura le comte en brandissant son arme.

La salle du restaurant s'animait, la rue se remplissait de curieux attirés par le bruit, l'hôte commençait à avoir des craintes sur l'issué de la rixe, les officiers, de leur côté, pensant qu'il valait mieux rosser le Français, le soir, dans un carrefour quelconque, que de prolonger l'esclandre dans l'établissement public le plus achalandé de la ville, parlaient de faire arrêter préalablement le sieur Amédée Dutacq par la police.

— Ce serait une insigne lâcheté, s'écria ce dernier avec une véhémente indignation. Cet homme m'a insulté, sans provocation de ma part ; je l'ai châtié ; c'était mon droit. Je ne lui dois aucune espèce de réparation et je pourrais lui refuser toutes celles qu'il exigerait ; cependant, pour lui prouver que son sabre ne m'effraie pas plus que ses menaces, je consens à lui rendre raison des giffles qu'il a méritées et que je lui ai données. Est-ce qu'en Allemagne, c'est en assassinant les gens ou en les faisant jeter en prison qu'on vide les questions d'honneur ?

Un murmure accueillit ces paroles, qui produisirent toutefois l'effet voulu, car les officiers, dégrisés, insistèrent auprès de leur camarade pour qu'il rengaînât.

— J'aurai sa vie ! hurla le comte, les joues encore rouges et brûlantes de la marque qu'y avait imprimée le professeur.

— Je loge à l'hôtel de Dresde, déclara le Français; j'y serai dans deux heures, le temps de trouver des témoins.

— C'est bien, dit brutalement un des officiers; mais n'essayez pas de fuir, nous saurions vous rattraper.

— J'étais à Valmy, et depuis ce jour, j'ai pris l'habitude de voir plus souvent les talons des Prussiens que leur figure.

Cette audacieuse réplique mit trêve aux insolences tudesques ; les officiers emmenèrent leur camarade dans le cabinet où ils avaient dîné, après avoir annoncé qu'ils seraient, deux heures plus tard, à l'hôtel de Dresde ; de son côté, le professeur paya sa carte, prit son chapeau et sortit du restaurant, où l'agitation était grande, pour aller à la recherche de gens qui consentissent à lui servir de témoins.

II

LES TÉMOINS

L'algarade que nous venons de rapporter avait eu lieu en français car, à cette époque, les classes privilégiées d'Allemagne ne parlaient pas d'autre idiôme que le nôtre.

Depuis Louis XIV la France donnait le ton partout ; sa langue, comme ses modes, était devenue universelle au XVIIIe siècle, et au commencement du XIXe siècle encore, pour être reçu dans la haute société allemande, il fallait parler le français.

A la cour de Prusse même, les princes du sang affectaient de pouvoir à peine s'exprimer en allemand, et les cours Allemandes étaient pleines de poèteraux qui adressaient aux dames leurs madrigaux en petits vers français aussi lourds que guindés.

Le peuple seul cultivait la langue de Luther que Schiller venait de réchauffer du feu de son génie, et que Goëthe remettait à la mode avec le sien.

Notre professeur de mathématiques, était un homme de taille ordinaire, d'une quarantaine d'années, à l'air intelligent et résolu.

Attaché à l'Université, il était venu passer ses vacances en Allemagne.

Il terminait son voyage et rentrait à Paris par Magdebourg, sa dernière étape.

En quittant le restaurant, il marcha à pas précipités, se creusant la tête pour savoir comment, dans cette ville où il ne connaissait personne, où il se trouvait depuis quatre jours, il se procurerait des témoins.

Sa première pensée fut de rentrer à son hôtel afin de se renseigner.

Bien lui en prit.

La diligence de Berlin y avait déposé, une heure auparavant, plusieurs voyageurs, parmi lesquels deux Suisses de Lausanne, voyageant : l'un pour une des premières maisons de bijouterie, l'autre pour une des premières maisons d'horlogerie de Genève.

Ils dînaient à une table commune et s'entretenaient, en français, de ce qui préoccupait tous les esprits : de la guerre prête à éclater entre la France et la Prusse.

— Messieurs, leur dit Amédée Dutacq en s'avançant vers eux avec un éclair de joie, vous êtes Français ?

— Non, répondit l'un, nous sommes Suisses.

— Ha !

— Mais nous sommes Français de cœur.

— Alors, messieurs, puis-je vous demander un service ?

— Lequel ?

— Celui de me servir de témoins.

— De témoins ?

— Dans un duel avec un officier prussien.

— Un duel ! répétèrent les commis-voyageurs en montrant avec empressement une chaise à Dutacq ; pourquoi pas? Asseyez-vous, monsieur, et contez-nous votre histoire.

Le professeur s'assit, déclina son nom et narra la scène du restaurant.

— Nous sommes vôtres, reprirent les Suisses lorsqu'il eût terminé, en le priant de trinquer avec eux aux futurs succès de l'armée française et en lui offrant des cigares.

Dutacq, enchanté de l'aventure, accepta ; les Suisses, en souvenir de l'incident du restaurant Mehrer, demandèrent du *schloss Johannisberger*, qu'on leur servit sans observation, et débouchèrent leur bouteille.

Ils achevaient celle-ci en causant, quand un garçon annonça deux officiers.

— Ce sont les témoins de mon adversaire, dit le professeur en se levant ; je vais vous les envoyer.

C'étaient, en effet, les témoins du comte de Stolferfoth, deux des officiers qui avaient assisté à sa correction.

Ils se nommèrent et exposèrent brièvement l'objet de leur visite.

— Messieurs, fit Dutacq, permettez-moi de vous conduire auprès de mes témoins.

Les officiers entrèrent dans la salle où se trouvaient les Suisses.

Ceux-ci se levèrent, et le français se retira.

Une demi-heure après les deux officiers quittaient l'hôtel.

Il avait été convenu que Dutacq attendrait, dans sa chambre, l'issue de la conférence.

— Tout est arrangé, vinrent lui apprendre les Suisses.

— Ha!

— Vous vous battrez à l'épée. Ces messieurs ont réclamé cette arme, et nous l'avons accordée parce qu'elle nous paraît préférable au sabre et au pistolet.

— Très-bien.

— Vous connaissez l'épée?

— Non. Mais cela ne fait rien; je ne bouderai pas, croyez-le.

— Nous en sommes persuadés.

— La rencontre aura lieu?...

— Demain matin à huit heures, dans un bouquet de bois qui se trouve à vingt minutes des remparts, sur la route de Brug. Les conditions sont celles que le comte a proposées et que vous nous avez autorisés à accepter[1]: le duel ne cessera que lorsque l'un des combattants aura reçu une blessure qui le mettra dans l'impossibilité de continuer.

— Merci, messieurs, dit le professeur avec effusion; vous me rendez un service dont je vous suis profondément reconnaissant. Maintenant, permettez-moi de vous laisser. Vous avez voyagé toute la journée, vous êtes fatigués, vous avez besoin de repos; allez dormir; je vous réveillerai demain matin.

Il était onze heures du soir; les Suisses tombaient de lassitude; ils accueillirent bien le conseil, serrèrent une dernière fois la main à leur ami improvisé, et lui souhaitèrent une bonne nuit.

III

LA PRUSSE EN 1806

La Prusse et l'armée prussienne se trouvaient, en ce temps, dans une situation, identique sur beaucoup de points, à celle qui, soixante quatre ans plus tard, devait mettre la France à deux doigts de sa perte.

Après un règne glorieux, celui du grand Frédéric, était venu un règne qui avait décomposé le pays tout en lui laissant les illusions du lendemain de Rosbach.

Ecoutons ce qu'a écrit, à ce propos, un personnage contemporain, le comte Henkel de Donnersmark, dans des mémoires historiques appréciés :

« Le règne relâché et corrompu de Frédéric-Guillaume II avait laissé les finances dans un désordre que toute l'économie de son successeur eût à peine suffi pour réparer, même en temps de paix. Le commerce était entravé par des corporations et des priviléges; les paysans étaient à l'état de servage; les classes moyennes humiliées et irritées par l'insolence de l'armée. Personne ne connaissait mieux ces abus que le roi; mais la droiture et le bon sens de S. M. n'étaient pas soutenus par cette énergique confiance en soi-même, qui semble devoir être l'apanage des esprits souverains. Le roi était retenu par son affection pour de vieux serviteurs et par la crainte des effets qu'un changement pourrait produire sur la tranquillité du pays.

« En 1806, avant la bataille d'Iéna, le roi avait le pressentiment de ce qui devait arriver. Tandis qu'on s'abandonnait de tous côtés aux illusions les plus extravagantes, il nous dit, à moi et à un autre officier : « Tout cela finira mal; la confusion est extrême; ces messieurs ne veulent pas le croire; ils » prétendent que je suis trop jeune et que je n'en» tends rien à ces choses. Dieu veuille que je me » trompe! » Malheureusement il ne se trompait pas : il était *impossible* que nous ne fussions pas battus. »

En effet, avec une armée telle que l'armée prussienne, laquelle n'existait que par sa vieille réputation, avec des officiers, des généraux tels que les généraux prussiens, il était *impossible* que la Prusse évitât l'écrasement de 1806.

Le comte Henkel, qui combattit à Iéna, va nous

renseigner sur cette armée, ces officiers et ces généraux :

« Il n'était jamais question de politique parmi les jeunes officiers, dit-il ; un journal était une rareté ; on n'aurait jamais songé à faire d'observation sur un ordre, de quelque part qu'il vînt. Mais si la culture de l'esprit était négligée, en revanche l'habillement et la tenue étaient l'objet des soins les plus minutieux : le col-cravate large de trois doigts, les quatre boucles de chaque côté de la tête, frisées et poudrées, bien entendu, la queue ornée d'un grand nœud, étaient de rigueur. Aussi fallait-il voir comme on enviait un capitaine de mon régiment nommé Von Schallenfels, qui employait de soixante et dix à quatre-vingts aunes de ruban pour nouer sa queue, laquelle traînait jusqu'à terre, de sorte qu'à la parade, le capitaine était obligé de la retrousser et de la fourrer dans la poche de son habit.

« Nous désirions sans cesse la guerre ; avec qui, cela nous était parfaitement indifférent. Il n'était pas un de nous qui se fût jamais avisé de réfléchir sur ce qu'était le gouvernement, encore moins sur ce qu'il devait être. L'inspecteur était à nos yeux, un personnage bien plus important que le roi, et sa visite annuelle formait pendant l'année entière le sujet de toutes les conversations, de toutes les espérances et de toutes les craintes de notre petit monde.

« *C'est à peine si nous savions où était Berlin.* Kœnisberg était la *résidence ;* si l'un de nous allait en congé, il en rapportait toutes les nouvelles et passait pour un homme qui a vu du pays. Il y avait à quelques milles de nous, à Tilsit, un régiment de dragons en garnison : nous ne nous rencontrions jamais, ce qui ne nous empêchait pas de nous détester cordialement. »

Reproduisons encore cette esquisse, prise sur le vif, de l'état-major prussien et des autres officiers de l'armée.

« Je vais les passer successivement en revue dans l'ordre hiérarchique, afin de donner une idée de ce qu'était l'armée. Le lieutenant général, von Marwitz, était fort tourmenté de la goutte ; c'était un homme qui aimait ses aises et qui avait horreur de l'exercice. Il avait soixante-et-dix ans. Un autre avait les deux mains percluses de la goutte ; il fallait hisser un troisième sur son cheval ; un quatrième était un bon vivant, affligé d'une obésité exagérée *et qui s'accommodait fort mal d'un temps de galop.* »

Notons, ce détail a son prix, que ces fameux guerriers, pour se donner des airs de titans, avaient pris l'habitude d'assaisonner leur conversation de jurements formidables.

« La première fois que je vis le général von Marwitz, ajoute le comte Henkel, celui-ci, pris par la goutte, enfoncé dans un grand fauteil et les pieds fourrés dans des pantoufles de satin jaune, m'accueillit par une bordée de *diables* et de *tonnerres* capable de décontenancer un visiteur qui n'aurait pas été prévenu d'avance que c'était là son exorde habituel. »

Écoutons, d'autre part, deux écrivains allemands, dont on s'accorde à reconnaître la sincérité : Jacobs de Gotha et l'auteur des Mémoires du Freiherr von *S. A.*

Voici d'abord ce que dit Jacobs de Gotha :

« Le soldat prussien était traité en esclave ; aussi, tout sentiment d'honneur était-il éteint chez lui ; la crainte seule et l'habitude le retenaient sous ses drapeaux. Quant aux officiers, dont la majeure partie n'avait jamais vu l'ennemi en face, il fallait voir de quel air railleur et dégagé ils parlaient de Napoléon et de son armée : — Ils ne connaissent pas encore les Prussiens ! disaient-ils. Si l'on voulait mettre un terme à l'inaction forcée dans laquelle on nous retient, nous leur aurions bientôt donné une leçon ! La seule crainte que nous ayons, c'est que la victoire ne soit trop facile pour être bien glorieuse. — Le doute à cet égard n'était pas permis.

« L'imprudent qui se hasardait à rappeler les nombreux succès remportés par les Français était honni, et battu pour peu qu'il insistât.

« *On demandait aux dames leurs commissions pour*

Paris; et je me rappelle avoir entendu un major se vanter, peu de temps avant la bataille d'Iéna, *qu'il ferait de ce polisson de Bonaparte son palefrenier*.

« Ce n'était pas tout. Ces mêmes officiers se conduisaient chez nous comme ils eussent pu le faire en pays conquis, sans le moindre respect pour la décence et les convenances, même envers le duc de Saxe-Gotha. Ils vivaient dans une honteuse oisiveté, passant leur temps dans la débauche et les orgies... »

Voici maintenant le sentiment de l'auteur des Mémoires du Freiherr von S. A.

« Je me demande quel était à cette époque l'état réel de l'opinion en Prusse, et je trouve qu'il est très-difficile de répondre à cette question. Comment, en effet, cette opinion se serait-elle manifestée dans un pays où elle n'avait pas d'organe constitutionnel, et où l'on exigeait encore du peuple entier une muette et passive obéissance? En cette absence de toute voix populaire, les officiers eurent l'audacieuse prétention de faire considérer leurs opinions comme l'opinion publique, et ils y parvinrent d'autant plus facilement que les corps aristocratiques tenaient garnison à Postdam et à Berlin.

« Il serait impossible de peindre le mélange de bravoure et d'insolence, d'honneur et de licence, de prétention à l'élégance et de turbulence dans la conduite qu'on trouvait réuni dans ces officiers. *Il faut avoir vu ces choses pour les croire.*

« Mais ce qui les distinguait éminemment c'était le mépris qu'ils affectaient pour les classes moyennes. Ils faisaient beaucoup plus de cas d'un beau cheval que de l'homme le plus estimable du monde, et ils s'imaginaient qu'ils auraient bon marché des Français, parce que ceux-ci étaient commandés par des roturiers.

« Un vain orgueil de naissance aveuglait ces officiers, qui considéraient comme un patrimoine les hauts faits de leurs ancêtres pendant la guerre de Sept ans.

« Comme officiers de l'époque héroïque de Frédéric II (qualification qu'ils se donnaient très-gratuitement), et, comme nobles, la gloire militaire récemment acquise par les Français les offusquait et les exaspérait.

« Ils s'attribuaient l'honneur exclusif de tout ce qu'il pouvait y avoir eu de brillant dans la courte lutte de la Prusse contre la France au commencement de la Révolution ; et si le résultat de cette lutte avait peu contribué à rehausser le renom des armes prussiennes, ils en rejetaient la faute sur l'incapacité de leurs généraux, et plus encore, sur la lâcheté des puissances étrangères : — *Que la Prusse* disaient-ils, *se trouve une fois face à face avec la France, et l'on ne tardera pas à reconnaître la supériorité de ses nobles officiers, formés à l'école de Frédéric le Grand, sur la canaille française.* »

Telle armée, telle cour.

Ce qu'on disait, ce qu'on faisait dans la caste de

messieurs les officiers, on le disait, on le faisait à Berlin, dans l'entourage du roi.

Débauchée, vantarde, ignorante, dévorée de la haine aveugle des Français, la haute société berlinoise n'avait qu'un cri : *la guerre à la France* !

Pourtant la France, en 1806, dominait l'Europe, et c'était cette année-là que le héros d'Arcole, de Marengo, d'Austerlitz, au comble du bonheur et de la puissance, recevait le titre de Grand !

La Prusse saisit le prétexte que lui fournissait l'ingérence de l'empereur dans les affaires d'Allemagne, la suppression de l'empire germanique et la création d'une confédération du Rhin dépendante du merveilleux capitaine, pour organiser contre nous une quatrième coalition.

La reine de Prusse, Louise-Amélie, fut l'âme de cette ligue.

Parfaitement renseigné sur les menées de la cour Prussienne et furieux des injures qu'on débitait continuellement à son adresse, à Berlin, Napoléon se plaignit, menaça, enfin, quand il se sentit prêt à faire campagne, rompit en visière et déclara la guerre, 6 octobre.

Deux jours après, le 8, les Français rencontraient les Prussiens entre la Saala supérieure et le haut Elster, à Schleitz, et leur infligeaient une première leçon ; le 10 ils leur en donnaient une seconde à Saalsfeld où le prince Louis-Ferdinand, le plus gallophobe de la famille royale de Prusse, tombait sous le sabre d'un de nos hussards ; une troisième à

Auerstaedt dont l'honneur revenait au maréchal Davout; une quatrième et décisive, sur la Saala, entre Weimar et Gera, à Iéna, où commandait Napoléon en personne.

Or, la rixe et la provocation que nous avons rapportées dans le premier chapitre, avaient eu lieu le 7 octobre.

IV

COMPLICATIONS INATTENDUES

A six heures du matin, Amédée Dutacq frappa chez les Suisses. Ceux-ci s'habillèrent. On but le café dans la salle à manger de l'hôtel, et à sept heures on se dirigea vers la route de Brug.

Pour éviter d'éveiller l'attention, il avait été convenu que les officiers se chargeraient de deux paires d'épées de combat, et que les commis-voyageurs n'apporteraient point d'armes s'ils éprouvaient des difficultés à s'en procurer.

A huit heures moins vingt minutes, les trois hommes arrivèrent sur le lieu désigné, pelouse ovale entourée d'ormes, à deux cent pas de la route, où l'on était à l'abri des regards des gens qui sortaient de Magdebourg ou qui y entraient, et ils s'y promenèrent de long en large en attendant.

A huit heures les officiers n'avaient pas paru.

Dutacq et ses témoins tirèrent leurs montres et s'interrogèrent.

— Diable ! fit un des Suisses, ces messieurs ne sont pas pressés.

— C'est étrange ! dit l'autre.

— Peut-être quelque incident imprévu les a-t-il retardés.

Les trois hommes recommencèrent à arpenter la pelouse.

A huit heures et un quart ils se trouvaient encore seuls sur le terrain ; à huit heures et demie il en était de même ; à neuf heures également.

— Hé bien ?... interrogea le professeur en regardant les Suisses.

— Parbleu ! voilà une curieuse aventure !

— Ni l'adversaire, ni les témoins, c'est trop.

— Non, ce n'est pas assez.

— Persistons-nous à attendre ? demanda le premier témoin en constatant qu'il était neuf heures cinq minutes.

— M'est avis que nous avons attendu jusqu'à la dernière limite, répondit le second.

— Alors, nous partons ?

— Nous partons si monsieur Dutacq n'y voit pas d'inconvénient.

— Messieurs, je suis à vos ordres et ferai ce que vous déciderez.

— Rentrons à Magdebourg et allons déjeuner.

— Allons déjeuner.

— Allons déjeuner.

Les trois hommes s'éloignèrent de la pelouse regagnèrent la route, et reprirent le chemin de Magdebourg, en se retournant fréquemment pour voir si les officiers n'arrivaient pas enfin au lieu du rendez-vous, à travers champs.

A neuf heures vingt-cinq minutes, ils rentrèrent en ville.

Magdebourg avait un aspect plus animé que la veille.

Des fourgons, des prolonges, des voitures régimentaires sortaient par la porte de Leipzig, et les rues étaient pleines de paille, de foin, de crotin de cheval.

Sur les places, dans les carrefours, des groupes criaient : à Paris ! à Paris ! parlaient des Français, de l'arrivée de l'empereur Napoléon en Allemagne, de batailles, etc.

Amédée Dutacq et ses témoins ouvrirent les oreilles.

Au moment où ils franchirent le seuil de l'hôtel un domestique leur remit une lettre.

— On l'a apportée ce matin, après votre départ, dit-il.

Dutacq rompit le cachet, qui était armorié, et alla de suite à la signature.

— Tiens ! c'est de mon adversaire.

— De votre adversaire ?

— Oui, du comte de Stolferfoth ; voyez.

Les Suisses regardèrent le paraphe.

— Je suis curieux de savoir ce que ce personnage peut m'écrire.

Le professeur attira ses témoins dans l'embrasure d'une fenêtre et lut l'épître suivante :

« Magdebourg, 8 octobre 1806,

sept heures du matin.

» Votre empereur vient de déclarer la guerre à la Prusse ; la nouvelle nous en est parvenue dans la nuit en même temps que l'ordre de rejoindre l'armée. Obligé de partir ce matin à huit heures avec mon régiment, je ne puis me trouver sur le terrain où je devais vous châtier de vos insolences téméraires. C'est punition remise. Je vais à Paris avec nos vaillantes troupes dont vos soldats ont appris à connaître la supériorité. Vous m'avez déclaré que vous habitez Paris. Si ce n'est pas un mensonge, je vous donne rendez-vous à Paris dans un mois, à pareille jour, au quartier des dragons prussiens que vous trouverez facilement, car il sera probablement au palais de votre César de rencontre. »

» *Signé* : FRÉDÉRIC.

comte de Stolferfoth. »

— Cet homme est fou ! exclama l'un des Suisses.

— Ou il est encore sous l'influence des vapeurs du schloss Johannisberg, dit l'autre en riant.

— C'est entendu, reprit le premier, vous irez dans un mois, au palais des Tuileries, demander à monsieur le comte de Stolferfoth de vous faire la grâce de vous couper la gorge.

— Ah! le bon billet! fit le premier Suisse en riant aux éclats.

— Il est à encadrer, appuya le second.

— Aussi l'encadrerai-je, assura Dutacq en le refermant et en le plaçant dans son portefeuille. Puis tendant gaiement les mains à ses témoins : Maintenant que l'énigme est expliquée et que nous avons un mois devant nous, nous pouvons déjeuner.

La table était servie, les trois hommes y prirent place dans les meilleures dispositions, et comme la salle se remplissait de gens causant des complications de la nuit ils apprirent, sans se déranger, ce que le billet du comte ne leur disait pas : que Napoléon, avec sa promptitude habituelle, avait commencé les hostilités immédiatement après la déclaration de guerre et bouleversé ses ennemis qui, ne pensant pas plus à une invasion qu'à l'an quarante, réfléchissaient, dans leurs camps, au plan de campagne qu'ils suivraient, et se préoccupaient, le prince Louis-Ferdinand en tête, de ce qu'ils feraient de la France lorsque l'armée française serait anéantie.

La marche rapide de cette armée que conduisait l'empereur secondé par ses lieutenants les plus habiles, avait jeté le désarroi dans les rangs prussiens, rempli le roi Frédéric-Guillaume de crainte et précipité le départ, pour le quartier royal, des troupes laissées en seconde ligne.

Voilà quelle était la situation le jour où le comte de Stolferfoth quitta Magdebourg avec son régiment.

Ces nouvelles émurent le professeur et les Suisses qui se disposaient à sortir pour aller chercher de plus amples informations, lorsqu'un agent de police se présenta à eux et leur intima l'ordre de l'accompagner à la commandature où on les mandait.

C'était à propos du duel et de la scène de la veille.

Le délégué de la police avertit Dutacq que sa nationalité, sa conduite, avaient éveillé l'attention de l'autorité, qu'il était interné dans Magdebourg, et que s'il essayait d'en franchir les murs il serait emprisonné.

On lui fit valoir comme une grâce d'État la demi-liberté qu'on lui laissait.

On admonesta sévèrement ensuite les Suisses pour avoir servi de témoins à un Français contre un noble officier prussien, et on les invita à s'éloigner immédiatement de la ville.

— Hé bien? fit Dutacq en se retrouvant dans la rue avec ses témoins.

— C'est complet, répondirent les Suisses.

— Messieurs, nous sommes en Prusse, et dans ce bienheureux pays, tout est complet.

Cependant il fallait obéir, car la commandature ne plaisantait pas.

Les Suisses retournèrent à l'hôtel, bouclèrent leurs valises, serrèrent la main au professeur en lui recommandant la patience et la prudence, sautèrent dans la patache de Brunswick, et abandonnèrent Magdebourg en criant *raca* à ses autorités.

V

LE LENDEMAIN DE LA BATAILLE D'IÉNA

Resté seul, Amédée Dutacq comprit que le plus sage était de se résigner, et confiant dans le génie et la bravoure de l'armée française, il attendit les événements qui ne devaient pas tarder à se dérouler d'une façon foudroyante.

On se berçait à Magdebourg, comme à Berlin comme dans toutes les villes prussiennes, d'espoirs chimériques.

« Sûrement, prédisait-on, cette fois le Buonaparte trouvera son maître, les Français seront battus, nos troupes iront à Paris. »

Qui eût osé exprimer publiquement un doute su. ce voyage triomphal s'en serait repenti.

Aussi les renseignements les plus étranges circulaient-ils.

Une fois on certifiait que l'armée prussienne venait de détruire un corps de trente mille Français; une autre fois, c'était le prince Louis-Ferdinand qui, surprenant l'empereur l'avait mis en déroute, le poursuivait et se promettait de l'emmener prisonnier à Berlin; on affirmait encore que le roi Frédéric-Guillaume, par une savante manœuvre, tournant, enveloppant l'armée ennemie l'avait contraint à déposer les armes.

Quant aux prouesses, aux actes d'héroïsme des officiers, des soldats allemands sur les officiers, les soldats français, on les comptait par centaines.

Ici, c'était un sergent qui avait plongé sa baïonnette dans le ventre de Murat, tué deux aides de camp et enlevé un aigle à la barbe d'une division; là, c'était un officier de cavalerie qui avec dix ou douze hommes avait dispersé un escadron de hussards français et enlevé une batterie; plus loin, c'était un simple grenadier de Brandebourg qui avait fendu la tête à Bernadotte, d'un coup de sabre, et contraint son escorte à se rendre.

Ces hauts faits, qu'on tenait de la rumeur publique et que personne ne songeait à contrôler, remplissaient d'enthousiasme la population qui, à chaque nouveau canard de ce genre tombé au milieu d'elle, mettait des drapeaux aux fenêtres si c'était le jour, des lampions si c'était le soir.

Une après-midi, on annonça que les Français approchaient de l'Unstrutt, rivière qui se jette dans la Saale, et que l'armée prussienne, partagée en deux, se repliait : d'un côté sur Naumbourg, de l'autre sur Mersebourg. Aussitôt sans examiner combien ce bruit renversait les données précédentes, on prétendit que c'était une tactique et qu'on voulait attirer l'ennemi à l'endroit où le grand Frédéric avait battu le maréchal de Soubise, en 1757, pour l'y exterminer plus triomphalement.

Cette grosse bourde se répandait presque à l'heure où Napoléon abattait la colonne commémorative que Frédéric II avait fait ériger à Rosbach dans le but de perpétuer le souvenir de notre défaite !

Jusqu'au 18 octobre, les habitants de Magdebourg passèrent successivement par toutes les phases de la confiance la plus aveugle, du chauvinisme le plus stupide.

Enfin la vérité commença à percer.

Une rumeur sourde en fut l'avant-coureur.

D'abord on crut, nul n'aurait pu dire à quel propos, à une victoire décisive de l'armée prussienne ; une joie extravagante saisit tout le monde et les maisons se pavoisèrent instantanément ; puis, petit à petit, l'anxiété envahit les esprits.

On descendit dans les rues, on se massa sur les places, on courut aux portes de la ville, partout où l'on espérait connaître plus vite la situation.

« Bon ! répétaient les obstinés avec une assurance fiévreuse, les soldats du grand Frédéric auront sûrement fait leur devoir. »

Pourtant des centaines de fuyards arrivaient par la route de Leipzig.

Ici, laissons la parole à un témoin oculaire que personne ne suspectera, à Karl Immermann, qui habitait Magdebourg :

« Comme les troupes débandées rentraient confusément par la même porte qu'elles avaient passée peu de temps auparavant, le peuple rassemblé en groupes les regardait avec un étonnement inquiet, encore mêlé d'incrédulité. J'en entendis qui disaient : — Ce sont les premiers fuyards ; ceux-là ne sont jamais en ordre ; patience, les régiments vont bientôt arriver. — Mais midi sonna, l'après-midi s'écoula, le soir approcha, et ce pêle-mêle n'avait pas cessé ; la tourbe désordonnée qui avait été une armée encombrait nos rues. Enfin, et comme exception, parurent quelques troupes formées en colonnes de marche. Leurs drapeaux, qui naguère flottaient si orgueilleusement, étaient couverts. La plupart marchaient en silence ; une fois seulement les sons de la musique militaire se firent entendre, clairs et vibrants, comme le rire du désespoir. C'étaient les trompettes d'un régiment de cuirassiers ; mais leur régiment n'était pas derrière eux ; ils étaient tout à fait seuls, et jouaient la marche de Dessauer, absolument comme si tout eût été dans le meilleur ordre possible. Ils avaient bonne mine, et leurs chevaux étaient en fort bon état. Les hommes n'avaient l'air d'avoir souffert ni de la fatigue ni de la faim, et ce contraste entre leur apparence personnelle et le désastre général révélait toute la profondeur du mal. »

A la tombée de la nuit, au moment où l'on apprenait la destruction de l'armée prussienne, Dutacq se promenait près des remparts, vers la route de Leipzig.

Tout à coup, il vit entrer en ville un officier de dragons dont le cheval n'en pouvait plus.

Cet officier avait perdu son casque, ses vêtements étaient couverts de poussière, le dépit, la honte se lisaient sur sa figure pâle.

On l'accueillit avec un murmure menaçant, car ce défilé de fuyards qui durait depuis plusieurs heures finissait par irriter.

Devant le professeur, le cheval trébucha et faillit s'abattre.

L'officier le retint en tirant sur les brides.

Dutacq eut une exclamation spontanée.

L'officier leva les yeux, rougit et s'éloigna.

C'était le comte de Stolferfoth.

« Allons, murmura Dutacq à peine revenu de sa surprise, je suis plus vengé que je ne l'espérais. »

« Les choses ont mal tourné, c'est vrai, dit à cet instant, derrière lui, un bourgeois quasi-satisfait à un autre bourgeois, mais nous avons été vaincus avec honneur, car on m'a assuré que les Prussiens *n'ont pas perdu une seule fois le pas* pendant toute la bataille. »

Peu après les Français occupaient Magdebourg et Amédée Dutacq rentrait à Paris.

L'ALLEMAGNE

EN FRANCE

L'ESPION

I

CHEZ LE COUSIN SILBERMANN

Strasbourg, 14 janvier 1872

Cher père,

Je suis arrivé hier au soir ici et je t'écris en hâte, car j'ai le cœur gros, car j'ai besoin de causer avec toi.

Le cousin Silbermann m'attendait à la gare ; dès qu'il m'a vu, il s'est précipité vers moi et m'a pressé dans ses bras en pleurant.

Il y avait des casques pointus autour de nous ; l'un d'eux, en nous regardant, a mâchonné je ne sais quoi à l'adresse de la France et des Français. Silbermann m'a lancé un coup d'œil, j'ai compris et, renfonçant ma colère dans ma poitrine, je me suis détourné.

Son apprenti, Antonin, portait fièrement ma valise.

Brave enfant! Comme tous les Strasbourgeois, il adore la France.

Il était dix heures.

Nous traversâmes le canal et nous arrivâmes sur la place Kléber.

Là, trois soudards bavarois ivres injuriaient la statue de notre vaillant compatriote. L'un lui montrait le poing ; les deux autres cherchaient à lire, à comprendre les inscriptions gravées sur les faces antérieure et postérieure du piédestal.

Silbermann s'avança et, d'une voix ferme, traduisit en allemand les deux inscriptions :

J. B. KLÉBER,
né à Strasbourg, le 6 mars, 1753,
adjudant général à l'armée de Mayence,
général de brigade à l'armée de la Vendée,
général de division à l'armée de Sambre-et-Meuse,
général en chef en Égypte,
mort au Caire, le 14 juin 1800.

A KLÉBER,
ses frères d'armes, ses concitoyens,
la patrie, 1840.
Ici reposent ses restes.

Il ajouta :

— Si nous avions eu, pendant la dernière guerre, des généraux comme celui-là, au lieu d'avoir ceux dont le sort nous avait dotés pour nos péchés, vous ne seriez pas ici.

Et il m'entraîna vers la rue des Grandes-Arcades, tandis que les soudards, titubant lourdement, dégaînaient et sacraient.

Quelques instants après, nous étions dans la rue du Vieux-Marché, nous montions l'escalier de bois de la maison du cousin, de cette maison aimée où tu es né, où j'ai passé les plus belles années de mon enfance...

Les obus ont troué en dix endroits son toit d'ardoise.

En nous entendant monter, tout le monde sortit sur le palier : le vieil oncle de Silbermann, la cousine, une lampe à la main, Simone, tenant Marie dans ses bras, le père et la mère Steinbach, l'ami Guérin, Apfel, Mme Dotzinger et ses deux filles, qui sont maintenant de gracieuses personnes.

Marie frappait avec joie dans ses petites mains :

« André ! André ! » criait-elle en fixant sur moi des regards brillants.

C'est elle qui m'a embrassé la première.

Après elle, la cousine, et Simone, qui est plus jolie que jamais, et le vieil oncle, et les Steinbach, et Mme Dotzinger, et tous enfin m'ont donné l'accolade.

La table à rallonges était dressée. Il y avait dessus un pâté, un plat de choucroute, un plat de pom mes de terre, quatre grands pots de bière, bref, un festin.

La cousine avait allumé les lampes.

C'était fête dans la maison.

Pourtant, à peine fûmes-nous entrés que le silence s'établit, que les yeux se rougirent.

Le vieil oncle tremblait, les femmes regardaient ma manche gauche avec une sorte de frayeur.

— Oh ! exclama Marie, tu as perdu un bras ?

— Oui, mon bijou, oui, lui répondis-je en lui tendant ma main droite ; mais il m'en reste un, Dieu merci !

— Comment as-tu fait pour perdre un bras ? insista-t-elle en examinant ma manche vide.

— Je me suis battu contre les Prussiens, sous les murs de Paris, une balle m'a cassé le bras, et on a dû me le couper.

— Oh !... fit-elle, impressionnée, en laissant échapper ma manche, les méchants !...

Puis, penchant sa tête blonde sur ma poitrine, elle me tendit son front.

— Et grand-père ? reprit-elle.

— Il va mieux.

— Il a été blessé aussi ?

— Oui.

— Au bras ?

— Non, au côté.

— Par une balle ?

— Par un obus prussien.

— Est-ce qu'ils ne s'en iront pas, ces vilains Prussiens ?

— Marie, dit le cousin, que l'émotion étouffait, l'oncle André est fatigué, il vient de loin, de Paris, il a faim, il a besoin de repos, conduis-le à table ; demain matin, de bonne heure, tu iras le réveiller.

La chère enfant me regarda de nouveau, me saisit par l'habit et me tira derrière elle.

Avant de nous asseoir, l'oncle de Silbermann récita la prière.

C'est un vieux calviniste, tu le sais, il ne prendrait point son repas avant d'avoir rempli ce devoir.

« Mon Dieu, chevrota-t-il en terminant, daigne bénir ces fruits de la terre que ta bonté nous accorde, et donne-nous la force de supporter la douleur d'être séparés de notre patrie bien-aimée jusqu'au jour où tu nous rendras à elle ! »

Je m'assis, visiblement troublé, entre Marie et Simone, que ses larmes rendaient plus charmante encore.

Le commencement du souper fut triste, et, tout d'abord, on n'entendit pas une parole, quoique nous fussions quatorze à table ; cependant, quand nous eûmes vidé quelques pots de bière les langues se délièrent.

Antonin, l'apprenti du cousin, ouvrit le feu, et la table s'anima.

Marie, qui avait veillé plus tard qu'à l'ordinaire, s'était endormie sur moi ; Simone la prit doucement, la déshabilla, alla la coucher, et revint en me disant, avec ce sourire, cette voix qui n'appartiennent qu'à elle :

« Elle dort ! »

Le repas terminé, les femmes desservirent, la cousine prépara le thé, Silbermann, son oncle, le père Steinbach, tirèrent leurs pipes de leurs poches, et l'ami Guérin nous offrit des cigares à Apfel et à moi.

Alors on se mit à causer de la guerre, des désastres de la France, de l'Empire, de l'Assemblée de Versailles, de M. Thiers, du maréchal Bazaine, du général Trochu, de toi.

Il fallut que je répétasse mot pour mot ce que j'avais écrit dans vingt lettres à Silbermann, il fallut que je refisse l'histoire de l'investissement de Paris et celle du siége.

Si tu avais vu avec quelle attention ils m'écoutaient, avec quels éclairs d'orgueil national ils saisissaient au passage les traits de bravoure, de dévouement les plus touchants, avec quelles larmes d'attendrissement ils me remerciaient, lorsque je leur montrais la population parisienne allant déposer des couronnes d'immortelles, des fleurs, des drapeaux sur le piedestal de la statue de Strasbourg, et jurant d'imiter le noble exemple que donnaient à la patrie envahie les fils de la matrone de l'Alsace ! Car elle a eu tous les élans, notre grande ville : elle a eu la foi, elle a eu la reconnaissance, elle a eu le courage ; il ne lui a manqué qu'un général en chef.

Tu te rappelles le jour où nous allâmes nous faire inscrire tous les deux dans un bataillon de marche. Tu voulus venir avec moi, malgré mes instances, malgré tes soixante-et-dix ans ; et tu pris un fusil, comme le plus jeune soldat ; et tu marchas à mon côté à Buzenval ; et au moment où une balle me cassa le bras, un éclat d'obus te déchira le corps ; et tu tombas en criant : « Vive la France ! vive l'Alsace ! »

Nous restâmes pendant quatre mois dans la même ambulance, toi, tremblant pour moi, moi tremblant pour toi.

C'est là que nous traversâmes la *Commune*.

Te souviens-tu de notre contentement quand nous retrouvâmes notre logement intact, notre vieille île Saint-Louis, notre quai de Béthune sans ruines ? L'Hôtel de ville, à gauche, le Grenier d'abondance, à droite, flambaient. Quel spectacle !

Je dus raconter tout cela en détail ; je dus dire nos chagrins, nos angoisses, nos douleurs, nos privations, nos désillusions, notre rage à l'annonce de la capitulation, car l'histoire de notre siége ressemble un peu à l'histoire du siége de Strasbourg, et il semblait à nos amis, en m'écoutant, que je leur parlais de leurs propres souffrances.

Pour moi, je pensais, en rappelant ces épouvantables événements, qu'aucun ne m'a plus serré le cœur que la vue des reîtres allemands montant la garde à la gare de la capitale de l'Alsace.

Il était minuit quand nous nous séparâmes ; ce fut Simone qui me conduisit à ma chambre. Son « bonsoir, André. » me causa un plaisir que je ne saurais t'exprimer, et me berça jusqu'à l'instant où je m'endormis.

Ah! si au lieu de m'enlever un bras, les balles prussiennes m'avaient enlevé quelques années !...

Ce matin, à huit heures, la cousine m'a amené Marie, qui s'était réveillée en réclamant son oncle. Je l'ai embrassée cent fois pour toi, pour moi, et je te griffonne cette lettre avant de sortir avec elle, car on nous attend chez l'ami Schwilgué.

Au revoir, père ; je t'écrirai demain et tous les jours jusqu'à ce que je reparte.

Ton fils qui t'aime,

ANDRÉ ERWIN.

II

LE SIÉGE DE STRASBOURG

Strasbourg, 15 janvier 1872.

Je ne saurais te retracer la cordialité de l'accueil que m'a fait, hier, Schwilgüé.

Sa femme, ses enfants, ses ouvriers étaient réunis dans son atelier lorsque je suis entré chez lui, (tu sais qu'il demeure toujours Grande-Rue), et ce fut à qui, des uns, des autres, me presserait la main.

— Il s'est battu! répétait l'un en montrant ma manche pendante.

— C'est un vrai Alsacien.

— Et son père, donc!

— Il a été blessé à côté de lui à Buzenval.

— Ils ont beau faire, ajoutait un cinquième, nous sommes Français et nous resterons Français. S'ils ont pu nous arracher à notre patrie, ils n'arracheront pas notre patrie de nos poitrines.

Comme elle vibre l'âme de notre Alsace ! Avec quelle passion, avec quelle douleur tout ici crie : France !

Simone était derrière moi, avec Marie et la cousine, Schwilgué et ses ouvriers m'accablaient de questions, de témoignages de la plus sincère affection, quand Mme Schwilgué, enlevant l'enfant, nous dit :

— C'est bien à vous d'avoir amené *Petite-France.*

A ce nom de *Petite-France,* je me retournai vers la cousine.

— C'est vrai, vous ne savez pas, fit Simone avec un triste sourire.

Et pendant que Mme Schwilgué emmenait Marie, elle m'expliqua l'énigme.

Au lendemain de l'investissement, le mari de ma pauvre sœur (brave Lorentz ! un vrai Strasbourgeois celui-là) s'enrôla dans la compagnie de francs-tireurs que commandait Liès-Bodard, professeur à l'académie de Strasbourg, volontaire de cinquante-six ans.

Chaque fois que Lorentz revenait d'une reconnaissance aux avant-postes ennemis, il prenait Marie dans ses bras et, si le canon grondait, si les obus sifflaient au-dessus de la rue du Vieux-Marché :

— N'aie pas peur, mon ange, lui disait-il, n'aie pas peur.

Et il soupirait :

— Pauvre France !

— Pauvre France ! répétait Marie.

— Oui, appuyait Lorentz dans un baiser ; mais, plus elle est malheureuse, plus il faut l'aimer, plus il faut crier : « Vive la France ! »

Marie, relevant sa petite tête, saluait alors les volées d'artillerie qu'envoyaient les assiégeants, par un frénétique :

« Vive la France ! »

Un jour, vers la fin du siége, Lorentz ne revint pas ; il avait été tué au bastion 4, où il servait comme artilleur volontaire.

Ce jour-là, on eût cru que l'enfer s'était déchaîné sur la ville.

Cent maisons étaient en flamme et nos intrépides pompiers se multipliaient, sans souci de leur vie, sans découragement, quoique l'impuissance de leurs efforts fût manifeste.

Dans quelques quartiers, les habitants s'étaient blottis au fond des caves ; dans d'autres, ils erraient par les rues pour ne pas être engloutis sous les décombres fumants de leurs demeures.

De crainte du feu, ma sœur quitta sa retraite, tenant Marie dans ses bras, et s'enfuit avec Simone, Silbermann et la cousine, chez Schwilgué.

C'est dans cette fuite qu'au coin de la rue des Serruriers, un éclat d'obus lui brisa la tempe.

Elle s'affaissa foudroyée.

Marie, tombée sur elle et inconsciente de l'immense malheur qui venait de la frapper, sanglota :

« France ! pauvre France ! Mère, relève-toi, relève-toi donc ! »

Simone l'emporta, car les projectiles continuaient à siffler, et Silbermann chargea ma sœur sur ses épaules, avec l'aide de la cousine.

On nous a écrit les détails de ce qui suivit la mort de Louise et de Lorentz, je n'insisterai donc pas sur ce lugubre sujet.

Au moment de la capitulation, ce cri de « Pauvre France ! » retentit dans Strasbourg comme un glas funèbre, et Marie, qui l'avait appris de Lorentz dans de si tragiques circonstances, le proféra chaque fois qu'elle vit passer un régiment ou une compagnie de soudards allemands.

Cela devint même chez elle une idée fixe, une idée à refrain.

Elle n'avait plus son père, elle n'avait plus sa mère, elle voulait avoir la *France*.

Nos Strasbourgeois et nos Strasbourgeoises, heureux d'entendre prononcer ce nom aimé, ne l'appelèrent bientôt plus que *la Petite-France*.

Et depuis la signature du traité de paix, quand elle sort avec Simone ou avec la cousine, chacun se la dispute, chacun accourt l'embrasser, chacun la presse passionnément sur sa poitrine en disant :

« France, ma pauvre France, ma petite France chérie, que je t'aime ! »

Dimanche passé, il y a eu une sorte d'émeute, à ce propos, place Guttemberg.

Marie a conscience de l'importance du personnage qu'elle joue et, à l'occasion, elle le tient d'une façon adorable, qu'on qualifierait de plaisante en d'autres circonstances, mais qui, dans les conjonctures actuelles, émeut.

En voici un exemple :

Dernièrement elle jouait au Contades, avec d'autres petites filles ; Simone, la mère Steinbach et Mme Dotzinger brodaient, assises sur un banc, en la surveillant. Tout à coup son ballon, en rebondissant, tombe dans les jambes d'un colonel qui se promenait près de là en compagnie de deux lieutenants. Marie s'élance pour ressaisir le ballon ; mais le colonel, plus prompt, le ramasse et le lui présente.

Marie s'arrête brusquement.

— Venez le prendre, dit le colonel.

Même immobilité.

— Pourquoi ne venez-vous pas ? continue-t-il en s'avançant.

— Je ne le veux pas, répond Marie ; vous êtes Prussien.

— Je suis Bavarois, fait le colonel en se redressant.

— Domestique de Prussien alors, riposte Marie en tournant les épaules et en se mettant sous la protection de Simone.

Le colonel jeta le ballon dans l'Ill et se dirigea, suivi de ses lieutenants, du côté de la porte des Juifs.

Marie avait certainement saisi ce mot chez Silbermann ou chez quelqu'un de nos amis ; mais je te laisse à penser si Mme Dotzinger, la mère Steinbach et Simone l'entendirent avec plaisir, et si, après l'avoir lancé, l'enfant fut embrassée par elles.

Schwilgué pense à vendre son établissement, non que l'ouvrage lui manque, il a deux machines à vapeur à construire ; mais il ne veut pas opter pour la nationalité allemande, et, n'optant pas, il est obligé de liquider ses affaires, M. de Bismark ayant une façon particulière d'interpréter le traité de paix.

Schwilgué ira coloniser en Algérie avec ses ouvriers, dont il est aimé, et qui, comme lui, frémissent à l'idée de se déclarer Allemands.

Allemands, les Strasbourgeois !

Est-ce qu'ils n'ont pas prouvé combien étaient énergiques et enracinés leurs sentiments français ? Est-ce qu'ils n'ont pas donné, pendant les vingt-cinq années de guerre de la révolution et de l'empire, la mesure de leur patriotisme ? Est-ce que ce n'est pas dans notre Alsace que les derniers coups de canon ont été tirés en 1814 et en 1815, après Waterloo, contre les armées alliées ? Est-ce que ce n'est pas à Strasbourg, chez le maire de Strasbourg, dans une maison de la rue de la Mésange, que Rouget de l'Isle a produit l'hymne national immortel de la France ? Allemands, les Strasbourgeois, eux qui ont vu éclore l'imprimerie, ce soleil de la civilisation, et la *Marseillaise*, cette fanfare de la révolution française !...

On peut les affubler de la livrée tudesque, on

n'extirpera pas de leurs cœurs la cocarde française.

C'est ce qui me faisait conseiller ce matin à Schwilgué et à son entourage de patienter, de ployer sous le joug, de garder à la France le sol alsacien jusqu'au jour où il brûlera les pieds aux prussiens.

A cela, les uns, les autres m'ont répondu, d'une façon qui m'a remué :

« Attendre, patienter... Vous ne savez pas quelle torture est pour nous cette odieuse occupation. »

Chers martyrs !... Oui, ils souffrent, Dieu leur donne la force d'attendre l'heure de la délivrance.

II

LA DÉFENSE ET LE TRAITÉ DE PAIX

Strasbourg, 18 janvier.

Je recueille, depuis mon arrivée, de nombreux renseignements sur la résistance de Strasbourg, et je puis t'assurer que cette résistance a été digne de l'Alsace.

Nos cœurs ne nous trompaient pas lorsqu'ils nous poussaient à répondre aux gens qui accusaient les Strasbourgeois de lâcheté, d'indiscipline qu'ils en avaient menti.

L'impéritie des hommes chargés de préparer la défense du pays parut surtout ici, au début de la guerre.

Rien, absolument rien n'avait été fait pour mettre ce boulevard de la France, non pas seulement en état de soutenir un siége, mais en mesure de résister à un vigoureux coup de main.

Strasbourg a des fortifications d'un autre âge, des fortifications en rapport avec les canons à âme lisse et se chargeant par la bouche ; elle n'a aucun fort, aucun ouvrage détaché, aucun magasin casematé, aucun abri suffisant.

En juillet 1870, elle n'avait pas même une garnison de temps de paix, elle n'était gardée que par quelques compagnies de dépôt et un régiment, le 87e de ligne.

A ces faibles ressources s'ajoutèrent les fuyards des premiers désastres, des douaniers, des mobiles à peine exercés, à peine vêtus, à peine armés, enfin deux ou trois escouades de corps francs et des gardes nationaux.

L'investissement eut lieu le 8 août ; le 13, le bombardement commença pour ne cesser que le 27 septembre.

Comme les moyens les plus élémentaires de défense manquaient, il fallut tout improviser devant l'ennemi, sous son feu meurtrier.

Au lendemain de la bataille de Frœschwiller, la population valide, demanda à prendre une part active à la lutte ; le préfet s'obstina à voir dans ce généreux élan des manifestations antidynastiques, il l'étouffa au lieu de le développer, et la garde nationale, mal organisée, ne reçut que deux mille fusils, ancien modèle.

Nombre de gardes nationaux s'armant eux-mêmes, comme ils purent, formèrent des compagnies franches, qui, jusqu'au dernier moment, firent beaucoup de mal aux assiégeants, malgré la menace, souvent exécutée, du général allemand Werder, de fusiller les francs-tireurs qui tomberaient en son pouvoir ; d'autres servirent d'artilleurs auxiliaires, aux bastions, ou allèrent doubler l'effectif du corps des pompiers.

Pour donner une idée du courage déployé par nos compatriotes, il suffira de rappeler que Strasbourg reçut, en moins de quarante jours, deux cent mille projectiles d'une puissance inconnue jusqu'alors, qu'elle perdit plus du quart de sa garnison, que douze cents de ses habitants furent atteints par les obus ennemis, qu'elle eut deux brèches à ses murs, que son artillerie fut détruite, sa citadelle rasée, que ses monuments et un tiers de ses maisons brûlèrent, qu'elle ne capitula que quand elle ne put plus tenir.

Voici une scène que Schwilgué m'a racontée, et qui peint le patriotisme des alsaciens :

C'était le dimanche qui suivit la ratification du traité de paix.

La nouvelle officielle de cette ratification était arrivée à Strasbourg, où elle avait produit une sensation poignante, quoiqu'elle fût attendue.

On la commentait avec amertume, avec une sombre résignation.

« *Consummatum est !* » répétait-on.

Et les poitrines se gonflaient, les yeux se mouillaient.

L'heure du service divin venait de sonner.

Les églises, les temples se remplissaient : on avait besoin de prier.

Schwilgué se rendit à Saint-Pierre-le-Vieux.

Le désespoir se lisait sur tous les visages.

Le pasteur entra.

Il était frémissant, troublé.

Il monta en chaire, blême, tremblant, ouvrit son livre des Evangiles, regarda l'assemblée silencieuse qui attendait, le front courbé, puis, d'une voix étranglée par l'émotion, murmura :

« Le traité de paix a été ratifié... »

Et il s'arrêta, ne pouvant en dire davantage.

Il y eut un silence.

Le pasteur voulut commencer son sermon ; aux premiers mots, les sanglots le suffoquèrent.

Il s'agenouilla pour se remettre et se releva après un instant ; mais, incapable de prononcer une parole, il descendit de la chaire et se retira.

Alors la foule, qui s'était aussi agenouillée en pleurant, sortit du temple, et l'office divin ne put avoir lieu.

Jamais prière plus éloquente monta-t-elle vers Dieu ?...

Hé bien, père, telle notre Alsace était à ce moment déchirant, telle elle est aujourd'hui, telle nous la retrouverons.

Une note gaie pour terminer.

Le père Ringenbach, un parent de Schwilgué établi à Bar-le-Duc depuis une vingtaine d'années, et qui est venu voir les ruines d'une maison de rapport qu'il possédait près de la cathédrale, nous donnait hier des détails curieux sur l'entrée des envahisseurs à Bar et sur leur séjour dans cette ville.

En Août 1870, nous disait-il, quatre Uhlans apparurent et signifièrent à la municipalité qu'elle eût à tout disposer pour recevoir convenablement l'armée allemande.

Quand Attila se mettait en marche, il dépêchait au prince chez lequel il prétendait passer, un courrier porteur de ce message verbal : « Mon maître et le tien m'envoie pour t'inviter à lui préparer le logement et les vivres », et cette sommation concise suffisait : lorsqu'Attila se présentait, tout était prêt.

On s'approprie volontiers les bonnes traditions en Germanie.

Les habitants de Bar, à la tête desquels se trouvait un maire courageux, M. Bompard, n'écoutèrent pas sans protester les fourriers prussiens ; mais, dépourvus de moyens de résistance, ils durent courber le front.

L'armée allemande arriva, et le chef-lieu de la Meuse posséda en même temps : le roi Guillaume, MM. de Bismark, de Moltke, de Roon, et le prince Othon, frère du roi de Bavière.

C'était trop de bonheur ; aussi les Barisiens en furent-ils embarrassés au point d'exciter les soupçons de l'état-major, qui s'imagina que l'hôtel de la

Préfecture, destiné au roi, était miné et sauterait au premier signal.

Il découla de cette conviction une suite d'incidents qui déridèrent un peu le public.

Sa Majesté prussienne ayant eu vent, au débotter, des bruits qui couraient sur l'édifice en question, alla s'installer à la Banque en disant paternellement : « La Préfecture sera pour Bismark. »

L'illustre ministre n'étant pas homme à donner dans les piéges tendus aux autres témoigna, dès qu'il sut de quoi il s'agissait, le désir d'être logé ailleurs, sous le prétexte que l'hôtel préfectoral, trop vaste pour lui, revenait de droit à ce cher de Moltke.

M. de Moltke descendait justement de cheval.

« Non, protesta le savant stratège d'un ton modeste, je n'accepterai point une habitation aussi somptueuse quand le prince de Bavière n'est pas à couvert. »

Et il se rendit dans une maison de maître, à cinq cents pas de là.

Surpris le prince Othon, flairant anguille sous roche, se renseigna.

« Ce palais sera d'une grande utilité au ministre de la guerre, objecta-t-il, dès qu'il eut découvert le pot aux roses ; je le lui cède, pour ses services, et me contenterai d'un appartement en ville. »

Vint enfin M. de Roon, *tarde venientibus* ; on le conduisit à l'hôtel préfectoral, où il ne tarda pas à apprendre l'histoire et d'où il sortit précipitamment en réclamant un quartier moins volcanique.

Tous les logements étant remplis d'officiers,

après une heure de recherches infructueuses, l'irascible ministre dut revenir à la Préfecture.

Mais il n'y rentra qu'après qu'une escouade de soldats du génie eut fouillé le bâtiment et l'eût déclaré sain.

Au bout de trois jours, le roi prit la route de Sedan, laissant 25 francs pour les domestiques de l'hôtel de la Banque.

Ce n'est pas tout ; Bar est traversé par l'Ornain ; tu vas voir la conduite singulière de cette rivière devant l'ennemi.

La paix conclue et quand il fut décidé que les troupes allemandes occuperaient ce qui nous reste de nos départements de l'Est jusqu'au complet paiement de l'indemnité de guerre, on s'empressa, à Bar, de construire, dans le Champ-de-Mars, des casernements pour trois mille hommes. C'était le chiffre d'envahisseurs que le chef-lieu de la Meuse hébergeait depuis le mois de septembre 1870.

L'Ornain borde le Champ-de-Mars dans sa longueur.

Les baraquements terminés, les Allemands s'y installèrent, et les Barisiens brûlèrent la literie qui avait servi à leurs hôtes forcés.

C'était urgent.

A peine avaient-ils achevé cette opération sanitaire que l'Ornain, qui, depuis des tempsreculés, s'était montré le plus convenable des cours d'eau, se mit inopinément à grossir, à déborder, à inonder le Champ-de-Mars.

Aussitôt signification de l'autorité Allemande, à la

municipalité, que l'eau pénètre dans les baraquements, et que fantassins et cavaliers vont retourner chez l'habitant.

A cet avis l'émoi est dans Bar ; on parlemente, et l'on offre de construire une digue de terre pour contenir la maudite rivière.

Les Allemands acceptent, à la condition que si l'ouvrage proposé ne les garantit pas suffisamment ils réoccuperont la ville.

On se met à l'œuvre, on travaille jour et nuit, et on établit la digue.

Mais alors l'Ornain, qui, sans doute, avait voulu plaisanter, baissa au point qu'on pût, quarante-huit heures plus tard, le traverser à pied, en dix endroits, sans se mouiller les chevilles.

Les Barisiens respirèrent.

Toutefois, depuis cette époque, ils regardent leur rivière de travers, et ils ne lui pardonneront de longtemps, malgré les truites qu'elle nourrit, la souleur qu'elle leur a donnée.

Avant de partir, ajoutait Ringenbach, j'ai rendu visite à une bourgeoise cossue qui dût céder son foyer à une douzaine d'officiers bavarois, et qui entre dans des colères rouges à leur souvenir.

« Vous n'avez pas d'idée de la malpropreté de ces barbares, me ressassait-elle : ils ont tout sali, de la cave au grenier. Quand ils sont partis, il a fallu gratter le plancher, badigeonner les mûrs, brûler la literie qui empestait. Hé bien en dépit de ce nettoyage radical, de ces feux de délivrance, je sens toujours leur odeur. »

Tu comprends maintenant la terreur des gens de Bar lorsque, en présence de la crue extraordinaire de l'Ornain, les Allemands firent mine de rentrer en ville. Obligés de brûler une seconde fois leur literie, ils auraient été réduits à coucher sur la paille.

IV

LES ALSACIENNES

Strasbourg, 20 janvier.

Elles sont admirables, nos Alsaciennes.

Ce n'est pas seulement avec passion qu'elles aiment la France, c'est avec persévérance, avec une exquise délicatesse.

Les femmes de Haguenau ont eu récemment l'idée d'organiser une souscription à un sou par jour pour contribuer à libérer le territoire. La police prussienne a opposé toutes les entraves imaginables à leur œuvre; pourtant elles viennent d'adresser au président de la République une première offrande de cinq cents francs, à laquelle était jointe une lettre dont j'extrais ce passage :

«..... Ce ne sont pas des frontières arbitrairement tracées qui font les nations, c'est la communauté de sentiments, et ceux-là sont de la même patrie qui ont les mêmes douleurs, les mêmes affections, les mêmes haines et les mêmes espérances. A ce titre, les Alsaciens n'auront jamais d'autre patrie que la France. »

Après les femmes de Haguenau il convient de citer celles de Strasbourg, de Mulhouse, de Sainte-Marie, de Saverne, celles de Schlestadt, qui envoyaient hier à M. Thiers le produit de leur collecte d'une semaine, près de deux mille francs, avec une lettre dont ces lignes te diront l'esprit :

«..... Au nom de la France, tous les cœurs se sont émus, toutes les épargnes se sont ouvertes. L'obole de l'artisan, de la pauvre servante, de l'humble ouvrière se confond avec la pièce d'or dans notre modeste offrande. Sans doute ce n'est qu'une goutte d'eau versée dans le gouffre creusé par nos désastres, mais cette goutte d'eau est puisée à la source sacrée du patriotisme. La valeur est tout entière dans le sentiment qui anime les cœurs qui l'offrent, dans l'impérissable amour qui les remplit pour cette patrie, toujours si chère, que les enfants de l'Alsace ne peuvent croire perdue sans retour. »

N'est-ce pas, que ce mouvement est beau ?

N'est-ce pas qu'elles ont le cœur haut placé, nos filles d'Alsace ?

N'est-ce pas qu'une patrie qui est aimée de la sorte reste grande, si grands que soient ses malheurs ?

Il me serait difficile de te raconter toutes les manifestations publiques du patriotisme de nos Alsaciennes ; j'en prendrai deux ou trois au hasard.

Par les froids intenses de cet hiver, un zouave revenait d'Allemagne, où il avait été retenu plus longtemps que ses camarades pour une infraction à la consigne disciplinaire de captivité.

Le pauvre diable n'avait que des lambeaux de vêtement ; il était maigre à faire peur, marchait presque pieds nus, grelottait, souffrait de la faim, les autorités militaires prussiennes l'ayant renvoyé de prison sans lui fournir les moyens de se repatrier.

Il venait d'arriver à Strasbourg, et le besoin l'avait poussé à solliciter la pitié de deux ouvriers de Schwilgué, sur la place des Tanneurs.

Mme Dotzinger passait par là avec l'aînée de ses filles.

A la vue d'un soldat français, elle s'avança et se renseigna :

« Vous avez froid, vous avez faim, mon ami, s'écria-t-elle dès qu'elle eut écouté l'histoire du prisonnier et en enlevant de ses épaules son châle cachemire pour le lui donner : Tenez, prenez, prenez. »

Et, non contentes de cet acte, elle et sa fille vidèrent leurs bourses dans les mains du zouzou stupéfait, en lui disant avant de s'éloigner :

« Quand vous serez de retour à Paris, répétez à ceux qui vous parleront de nous que nous subissons, sans désespérer, un sort que nous n'avons pas mérité, et que la mort seule nous détachera de la France. »

Le surlendemain, c'était une démonstration plus émouvante encore.

Tu te rappelles Jacques Vischer, mon camarade d'école, dont les parents avaient une fonderie de caractères d'imprimerie près de chez nous, rue des Hallebardes, qui, tombé au sort en 1859, fit la campagne d'Italie et reçut les galons de caporal à Magenta ?

En 1870 Vischer était lieutenant au 74e de ligne et son régiment faisait partie du corps d'armée du maréchal de Mac-Mahon.

Le jour où l'invasion commença, où nous essuyâmes notre première défaite, le 74e, un bataillon du 50e un bataillon de turcos, appuyés par deux batteries et déployés en tirailleurs devant Wissembourg, cherchèrent à arrêter le mascaret tudesque.

Quarante-cinq mille Prussiens ou Bavarois, que secondait une artillerie formidable, se ruèrent sur cette poignée de soldats.

Et cette poignée de soldats leur tint tête.

Et elle combattit pendant six heures un contre dix...

Quand les munitions manquèrent, quand les obus,

la mitraille eurent couché par terre la majeure partie de ces héros, quand la digue humaine ne fut plus assez épaisse pour arrêter le flot ennemi, les survivants se replièrent, faisant face aux vainqueurs, et défendant le terrain pied à pied.

Vischer, blessé au début de l'action, était demeuré à la tête de sa compagnie, dont le capitaine avait été tué.

A l'entrée des Bavarois dans Wissembourg, un éclat d'obus lui laboura les côtes et une balle lui cassa la jambe.

Il s'affaissa au milieu des morts et des blessés, dont les rues étaient jonchées.

Les Bavarois qui, trois semaines plus tard, devaient donner, à Bazeille, la mesure de leur humanité, tuèrent tout ce qu'ils trouvèrent sur leur passage.

Un blessé levait-il la tête, un moribond étendu sur la terre remuait-il, dix coups de baïonnette l'achevaient immédiatement.

Vischer fut lardé ainsi, puis traîné par sa jambe brisée, l'espace de cent mètres, et laissé, inanimé, dans le ruisseau.

La boucherie terminée, les habitants de Wissembourg, échappés à l'ouragan de fer et de plomb de la bataille, furent commandés par les Allemands pour enterrer les morts.

Vischer allait être déposé dans la fosse, où on avait jeté ceux de ses compagnons relevés auprès de lui, lorsque les bonnes gens qui le prirent, s'apercevant qu'il respirait encore, le portèrent chez eux et lui prodiguèrent leurs soins.

Vischer resta pendant un an couché sur un lit de douleur, et personne ne pensait qu'il pût en réchapper, quand, par un miracle de la nature, il recouvra la santé.

La fille de ses généreux sauveurs était un trésor de grâce et de vertu.

Il ressentit pour elle une passion où la reconnaissance occupait une large place, lui demanda si elle voulait être sa femme, et sa première sortie fut pour la célébration de son mariage.

Toute la population de Vissembourg l'attendait pour le voir, pour acclamer en lui la patrie et la bravoure françaises.

Irritées, les autorités prussiennes exigèrent qu'il quittât la ville sous vingt-quatre heures.

Il vint à Strasbourg.

Les Strasbourgeoises connaissaient son épopée; elles résolurent de lui témoigner leur admiration, et l'attendirent à la gare du chemin de fer, au nombre de deux cents, le corsage orné de rubans tricolores, les mains pleines de fleurs.

Là, ce fut à qui lui ferait fête, le remercierait d'avoir si dignement soutenu l'honneur des enfants de Strasbourg.

Cette démonstration ne pouvant être du goût du gouvernement, Vischer ne tarda pas à recevoir un ordre d'expulsion.

Il est actuellement en Suisse, à Lausanne, avec sa

femme, chez la grande tante de Simone, qui est un peu sa parente. Il y demeurera jusqu'à l'été ; nous le verrons ensuite à Paris.

Mais c'est surtout dans les frottements forcés de la vie ordinaire que chacun, ici, affirme son inaltérable amour pour la France.

Les officiers allemands ne sont reçus chez aucun Strasbourgeois, et une femme qui accepterait le bras de l'un d'eux, en ville ou au Contades, serait montrée au doigt.

Pleins d'une obséquiosité outrée, les officiers allemands, incités par leurs chefs, frappent à toutes les portes, et toutes restent fermées ; ils sollicitent la main de jeunes filles de l'aristocratie, de la bourgeoisie, de la classe ouvrière, et partout on leur répond : *Nescio vos*. On fait le vide autour d'eux, on a horreur de leur contact, on les méprise quand ils ressemblent à l'individu que Simone a chassé de chez Silbermann, où il avait eu l'audace de se présenter le mois dernier.

Cet individu, espion de son métier, était, à Strasbourg, avant la guerre, un des agents de M. de Bismark.

Se glissant partout, furetant partout, écoutant tout, notant tout, s'accrochant, se collant à tout, on ne pouvait se mouvoir sans se heurter contre lui, sans trouver devant soi sa face toujours souriante.

On ne soupçonnait pas l'espionnage allemand, on le recevait volontiers.

Il s'était introduit chez Silbermann et avait fait le galant auprès de Simone.

Avant l'ouverture des hostilités il s'éclipsa.

Il y a quatre mois, il reparut, en uniforme, et gratifié d'une importante situation, moitié administrative, moitié policière, récompense de ses honnêtes services.

Inutile de te détailler de quelle manière on le toisa ; mais, ce que tu croiras à peine, c'est qu'il eut l'impudeur d'aller frapper à la porte des maisons hospitalières qu'on lui avait si bonnement, si naïvement ouvertes, c'est qu'il vint chez Silbermann, et qu'il sollicita la main de Simone, en faisant valoir les avantages que la famille pourrait tirer de sa position.

Silbermann était confondu de l'aplomb du misérable.

Simone, présente à la scène, se chargea de la réponse.

Elle se leva, blême de colère, étendit impérieusement le bras vers la porte, dit :

— Sortez !

Et si énergiquement, que l'espion, honteux, décontenancé, ne trouva pas une parole à balbutier et qu'il se retira.

Quand Silbermann m'a raconté cela, j'aurais dévoré Simone de baisers, si elle m'avait laissé faire.

Je te vois sourire et murmurer :

— Parbleu ! mon gaillard, tu n'es pas dégoûté.

Si tu savais quelle noble fille que Simone !

Je suis allé, hier, pour toucher l'indemnité promise aux victimes du bombardement, et que des agents du gouvernement impérial ont fixée, en ce qui concerne notre maison de la rue de la Nuée-Bleue, dont il ne reste que des pans de murs calcinés, à dix mille francs.

L'employé auquel on m'avait adressé m'a reçu avec une roideur hautaine qui, tout d'abord, m'a fait monter la colère aux lèvres.

— Les dix mille francs sont à votre disposition, m'a-t-il déclaré sèchement.

— Veuillez me les remettre.

— Vous n'ignorez pas, a-t-il ajouté, que seuls les sujets allemands ont droit aux indemnités.

— Pardon, je l'ignorais.

— Dans ce cas, je vous l'apprends. Faites votre déclaration d'option pour la nationalité allemande, apportez-moi un certificat légalisé de cette déclaration et j'ordonnancerai le payement de la somme qui vous revient.

— Monsieur, ai-je répondu avec calme, dix mille francs seraient assurément un beau denier pour la nationalité allemande ; pour la nationalité française, c'est un prix de vente un peu faible.

— La nationalité française !... ricana l'employé.

— Je sais, monsieur, qu'elle est actuellement à la baisse à l'étranger; mais c'est une valeur solide, elle remontera. Je la garde.

— A votre aise, dit l'employé d'un ton dédaigneux et avec un haussement d'épaules ; dans dix ans, vous nous donnerez des nouvelles de votre nationalité.

— Peut-être avant, répliquai-je en me retirant.

J'ai fait cela sans te consulter, parce que je ne doutais pas de ton approbation.

Pour nous, qui ne sommes plus bons à grand'chose : toi parce que tu as besoin de te reposer, parce que tu as assez travaillé, moi, parce que je n'ai plus qu'un bras, dix mille francs sont presque une fortune ; néanmoins je les ai repoussés avec bonheur, et je le ferais encore si c'était à refaire.

Bah ! la Providence nous aidera Il nous reste dix-huit cent francs de rente ; c'est notre pain quotidien assuré à tous les trois : à toi, à Petite-France et à moi. D'ailleurs, si je ne puis plus graver, je puis occuper dans une administration un emploi pour lequel un bras sera suffisant ; il n'y a donc pas péril en la demeure.

Silbermann, Schwilgué et tous les amis m'ont félicité avec expansion de l'acte que je venais d'accomplir.

Quant à Simone, elle m'a sauté au cou en apprenant ma renonciation, et les deux baisers qu'elle m'a donnés m'ont semblé si bons, que, si j'avais encore dix mille francs à perdre, je les abandonnerais gaiement pour une pareille compensation.

V

SIMONE

Strasbourg, 22 janvier.

Guérin m'avait prié à dîner pour aujourd'hui, avec la famille.

Avant de me rendre à son invitation j'ai fait un tour en ville, et repassant dans ces vieilles rues si pittoresques, où sont tous mes souvenirs d'enfance, j'ai poussé jusqu'au Contades, jusqu'à la Robertsau.

Cette excursion m'a navré.

Partout la dévastation, la ruine; partout la trace des coups de l'étranger; partout le deuil, et je ne sais quoi de désespérant.

Tu te rappelles les guinguettes enfeuillées du Contades, où nos Strasbourgeois aimaient à aller chanter, danser, boire de la bière les dimanches et les jours de fête; tu te rappelles ces délicieux endroits cachés sous les ombrages, où le rire était si franc, l'animation si vive? tout cela est mort.

Les pinsons et les rossignols ont disparu de notre belle promenade; les noirs corbeaux ont pris leurs places.

Pauvre Contades! pauvres guinguettes!

Après avoir parcouru la Robertsau, l'île du Wacken et suivi le canal de l'Ill au Rhin jusqu'à la grande écluse, je suis rentré par la porte des Pêcheurs, en traversant des nuées de terrassiers employés à la construction des nouveaux ouvrages de défense de Strasbourg.

Je devais retrouver Simone, Marie et la cousine à la maison; mais la cousine, ayant eu affaire près de Saint-Pierre-le-Jeune, était partie avec Marie, chargeant Simone de m'emmener chez Guérin.

Nous descendîmes donc ensemble, Simone et moi, et comme nous avions deux heures devant nous, d'un commun accord nous nous dirigeâmes vers la cathédrale, que j'avais à peine revue depuis mon arrivée.

Des maçons, dispersés sur des échafaudages, étaient occupés à boucher les trous faits par les obus à notre superbe temple, le chef-d'œuvre, l'orgueil de nos pères.

— Allez, pensai-je, vous pouvez passer vos jours, vos nuits à effacer de nos monuments les traces des projectiles ennemis, ainsi que la tache de sang sur la main de lady Macbeth, ces traces se perpétueront aux yeux des Strasbourgeois.

Je ne saurais t'exprimer le sentiment que j'éprouvai en pénétrant dans l'intérieur de la cathédrale: les splendides faisceaux de colonnes de la nef, les voûtes, où il semble que le regard va rencontrer l'infini, le soleil nuançant des teintes les plus riches les vitraux des fenêtres ogivales et frôlant le grès vosgien rouge-brun des piliers, le calme, l'immensité de l'église, un rapprochement involontaire entre le passé et le présent, me remplirent d'une émotion que je ne pus maîtriser et que partagea Simone.

Nous nous agenouillâmes tous deux devant le chœur et nous nous mîmes à prier.

La prière soulage; nous nous relevâmes moins troublés et nous sortîmes pour monter à la plate-forme.

Tu connais le vaste panorama dont on jouit de cet endroit; debout près de la balustrade en pierre, ma poitrine se soulevait en le regardant.

A l'ouest, j'apercevais la chaîne des Vosges, où flotte aujourd'hui l'étendard étranger; à l'est, le Rhin, notre frontière naturelle, aux flots duquel s'est mêlé si souvent le plus pur sang des enfants de France, et la ligne sombre, ondulée que forme la forêt Noire, d'où sortirent, en 1870, les avalanches germaines qui nous écrasèrent; au sud, je voyais les plaines de notre chère Alsace argentées par le cours sinueux de l'Ill; au nord, je découvrais la forêt de Haguenau et, plus loin, près de Wissembourg, dans un mirage, nos soldats chargeant héroïquement les multitudes ennemies, tombant, le front tourné vers elles, et jonchant la route de leurs cadavres !...

Je suivais haletant cette terrible et gigantesque vision, lorsque la douce voix de Simone me rappela à moi-même.

— André, vous pleurez?

— Oui ; je pleure sur les malheurs de la France, sur les tortures de l'Alsace, et je me demande si Dieu permettra longtemps le martyre que nous endurons.

— Dieu aide ceux qui s'aident ; la France travaille à réparer ses fautes, Dieu l'aidera.

A cet instant, un individu, portant un uniforme allemand, descendit de la galerie des quatre tourelles de la flèche et passa près de nous.

Simone s'approcha de moi ; l'individu lui lança un regard narquois et insultant.

Je fis un pas en avant.

Simone me retint.

— André, fit-elle avec dégoût, prenez garde !

L'individu blêmit, son rictus grimaça un sourire stupide, il contourna la base de la flèche et se déroba.

C'était l'espion dont je t'ai parlé, celui qui a osé demander Simone en mariage.

La vaillante fille s'appuya, émue, contre la balustrade.

Je pris sa main et la portai à mes lèvres.

Elle la retira en rougissant.

— Simone, balbutiai-je, je repars pour Paris dans quelques jours ; j'ignore quand je reviendrai à Strasbourg ; j'ignore donc quand je vous reverrai, car vous restez ici ?...

— Moi.....

— Mais, en partant, je serais heureux d'entendre, de votre bouche, que vous garderez votre cœur à notre France, et que vous ne vous donnerez qu'à un Français ou qu'à un Alsacien, ce qui est la même chose.

— Oh ! cela, je le jure !

— Bien, continuai-je ; vous ne vous doutez pas du soulagement que vous me causez. C'est que je vous ai vue tout enfant ; c'est que je suis aussi fier de vos sentiments que je l'aurais été, j'en suis sûr, de ceux de ma sœur devant l'annexion ; c'est enfin que, si je n'avais, hélas ! trente-huit ans et un bras de moins, je vous dirais : « Simone, vous êtes la seule femme qui puisse faire mon bonheur. »

— Ah ! vous me diriez cela ?

— Oui.

— Si vous aviez un bras de plus et quelques années de moins ?

— Oui.

— Êtes-vous donc si vieux, et votre mutilation n'est-elle pas un titre de gloire ?

— Ainsi, repris-je en tremblant d'espoir, vous n'auriez aucune répugnance à vous appeler Mme Erwin en l'état où je suis réduit ?

— André, me répondit-elle, j'en serais fière !

Père, tu m'as répété vingt fois, avec ma sœur et Lorentz, que Simone était la meilleure créature du monde, et que ce serait sage à moi, déjà vieux garçon, de l'épouser. J'y avais songé avant la guerre et j'y songeais depuis la paix, mais moins comme à une chose réalisable que comme à une chimère ; maintenant cette chimère devient une réalité : Simone m'accepte avec mes trente-huit ans, avec ma mutilation, avec ma pauvreté... père, j'exulte en t'écrivant.

Combien nous allons être heureux avec Marie, nous aimant tous et parlant chaque jour de notre Alsace !

Ah ! le pain de paille et de cendre que M. Trochu nous faisait distribuer à la fin du siége de Paris m'aurait semblé plus savoureux que le gâteau de froment le plus exquis si je l'avais mangé dans de telles conditions.

Comment nous quittâmes la plate-forme, je n'en sais rien ; je sais seulement que nous arrivâmes, à la nuit tombante, chez Guérin, que j'étais rayonnant en entrant, que tout le monde le remarqua, et que, comme nous étions en famille, j'en donnai la raison, avec l'autorisation de Simone.

Nos amis applaudirent et le dîner fut aussitôt baptisé par Guérin : *dîner des fiançailles.*

J'attends ta réponse pour agir ; dès qu'elle me sera parvenue je partirai pour Lausanne, où habite la grande tante et plus proche parente, aujourd'hui, de Simone, je ferai officiellement, à l'excellente femme, ma demande dont elle sera avisée demain par lettre, et c'est près d'elle, que nous nous marierons.

Adieu, père chéri; il y a longtemps que je n'ai éprouvé une joie aussi pénétrante que celle qui m'enivre depuis vingt-quatre heures, et je sens qu'elle s'augmente encore en pensant que tu vas la partager.

VI

TUMULTE SUR LE BROGLIE

Lausanne, 1er février.

Père,

C'est de Suisse, c'est de Lausanne, où je suis arrivé hier avec Marie, que je t'écris.

J'ai dû quitter précipitamment Strasbourg à la suite d'une scène, en place publique, que je vais te raconter.

Dès que ta réponse me fut parvenue, dès que j'eus la certitude que tu approuvais mon mariage, dès que la grande tante m'eut écrit que la volonté de sa petite nièce était la sienne, lorsqu'il s'agissait de moi, je priai Simone de se munir de ses papiers, et elle fit, sur le champ, les courses, les démarches nécessaires.

Il y a trois jours elle sortit, après déjeuner, en compagnie de la cousine, de Mme Guérin et de Marie.

Nous devions nous retrouver à une heure, sur le Broglie, pour aller ensemble à l'hôtel de ville.

Arrêté en route par Schwilgué, que j'avais rencontré rue des Grandes-Arcades, j'étais en retard de quelques minutes.

Il y avait foule près du kiosque.

J'accélérai le pas.

Simone, au milieu du rassemblement, tenait Marie dans ses bras, entre la cousine et Mme Guérin, et chacun se poussait, se pressait pour embrasser l'enfant.

— France ! Ma pauvre France ! Ma chère France ! disaient, en caressant Marie, les femmes qui parvenaient près de Simone.

Quelques-unes, moins favorisées, à cause de la cohue, se fâchaient presque, parce qu'on les empêchait, prétendaient-elles, d'embrasser « Petite-France leur amour. »

Marie était dévorée de baisers et tendait ses joues roses à celles qui avançaient leurs lèvres vers elle, quand une voix arrogante, impérieuse domina le brouhaha :

— Voilà une plaisanterie bête ; elle a assez duré ; on va la faire cesser.

Bousculant tout le monde et se frayant un passage, l'individu qui venait de prononcer ces paroles pénétra jusqu'à Simone.

A sa vue, celle-ci enlaça Marie dans ses bras.

L'individu porta la main sur elle.

Simone laissa échapper un cri perçant, Marie se mit à pleurer, la cousine et Mme Guérin appelèrent au secours.

Tout cela se passa en moins de temps qu'il ne m'en faut pour te l'écrire et à l'instant où j'arrivai.

Tu me connais, père, tu sais que chez moi l'action suit immédiatement la pensée, quand la colère m'agite ; aussi, malgré l'épaisseur du groupe qui nous séparait, à peine le personnage en question avait-il posé sa repoussante main sur l'épaule de Simone, que, tombant devant lui d'un bond, je l'envoyai rouler à quatre pas d'un coup de poing sous la mâchoire.

Je n'ai plus qu'un bras, mais il est bon.

Il se releva livide de rage et crachant le sang.

C'était l'espion.

Je l'avais deviné.

Le misérable fit mine de diriger sur moi un revolver qu'il tira de sa poche ; une bonne femme placée à sa droite, et qui se sert d'une béquille pour marcher, un éclat d'obus lui ayant broyé la jambe pendant le bombardement, leva son bâton, et lui en asséna un tel coup sur la main qu'il laissa échapper son revolver en hurlant de douleur.

La foule le hua et acclama la femme, qui se mit à crier : « Vive la France ! » avec une chaleur entraînante.

L'espion bredouilla, dans son dialecte, de grossières menaces et, sans songer à ramasser son revolver que nos patriotes repoussaient du pied, partit dans la direction du bureau de police, tandis que les baisers recommençaient à pleuvoir sur la tête de Marie.

Toutefois la manifestation ne pouvait se prolonger ; les baïonnettes allaient apparaître d'une seconde à l'autre, il fallait éviter un conflit sans issue.

Simone, Marie, la cousine Mme Guérin frissonnaient ; je les priai de se retirer et nous nous enfuîmes au moment où une demi-douzaine de gamins, qui avaient suivi l'espion à distance, revenaient en criant :

— Les voilà ! Sauvez-vous !

Un piquet de casques pointus s'avançait.

On lui abandonna le Broglie.

Nous n'espérions pas échapper aux recherches de la police, car l'espion devait nécessairement indiquer la maison de Silbermann comme l'endroit où on prendrait *les coupables*.

Nous restâmes donc chez Guérin, où nous nous étions réfugiés.

Bien nous en prit.

Vers trois heures, des agents se présentèrent chez Silbermann ; ils venaient m'arrêter, et apportaient pour Simone et *pour Marie*, oui, pour Marie, une citation judiciaire.

La cousine courut, effarée, avertir nos amis, et, à la tombée de la nuit, tous étaient réunis chez Guérin.

— Il faut que tu partes, me dit Schwilgué ; tu

es surveillé depuis ton arrivée, surtout depuis le jour où tu as refusé de te déclarer Allemand ; la scène d'aujourd'hui, dont la ville entière s'entretient, a dû exciter plus encore les soupçons de l'autorité : pars. Les prussiens ne connaissent qu'un droit : celui du plus fort ; ils ne respectent ni la douleur, ni la vieillesse, ni l'enfance, ni la femme chez leurs ennemis ; ils te frapperaient d'autant plus cruellement qu'ils ont vu que tu ravives l'amour que nous conservons à la France.

Schwilgué avait raison, je le compris.

Je compris également que le prolongement de mon séjour à Strasbourg devenait impossible, et je répondis que j'étais prêt.

Un train partait dans la soirée pour la Suisse ; je déclarai que je le prendrais avec Marie.

Sur ce dernier point, nos amis cédèrent difficilement.

Quoiqu'ils sussent de longue date que je devais emmener l'enfant à Paris, ils ne pouvaient se faire à l'idée de se séparer d'elle.

C'est que, pour eux, Marie n'est pas seulement ta petite-fille, la fille de ma sœur et de Lorentz : c'est « Petite-France. »

Quand l instant de la séparation approcha, quand Silbermann et la cousine, qui avaient été chercher nos effets, revinrent avec le paquet de Marie et ma valise, ce fut autour de moi une explosion poignante :

— Adieu, Petite-France !

— Petite-France, ne nous oublie pas !

— Petite-France, aime-nous !

Et les étreintes passionnées, les baisers d'accabler Marie.

J'avais les yeux rouges.

L'enfant passa dans mes bras.

Les sanglots redoublèrent.

— Mes bons amis, ne pleurez pas, dis-je d'une voix mal assurée ; vous la reverrez, je vous la ramènerai.

— Quand ?

— Quand elle sera grande.

— Ce sera long.

— Les enfants grandissent vite.

— Adieu, Petite-France.

— Non, au revoir.

— Au revoir. Nous t'aimerons toujours.

Et comme je me dirigeais vers la porte avec Silbermann, qui s'était chargé de ma valise, Marie envoya à tous, de ses deux mains, des baisers où elle mit les purs trésors de son âme enfantine.

Quelques minutes après, nous arrivâmes à la gare.

Silbermann prit nos billets, nous mit en wagon sans que nous fussions inquiétés, et ce matin nous débarquions à Lausanne où la grande tante de Simone nous accueillait cordialement.

Simone et la cousine nous rejoindront la semaine prochaine.

Tâche d'être ici en même temps qu'elles.

J'ai retenu un logement à Chailly, dans une pension d'où l'on jouit d'une belle vue du lac de Genève et des montagnes de la Savoie.

L'air y est vivifiant, tu t'y referas.

Nous y passerons le mois prochain, et nous rentrerons ensuite à Paris, toi portant Marie, moi avec Simone, devenue ta fille.

A bientôt, j'attends ta lettre ou ta dépêche pour aller te chercher à la gare, avec la grande tante.

Quant à Marie, elle me dit de t'écrire qu'il faut que tu viennes vite et qu'elle t'embrasse de *tout son cœur.*

Ton fils,

ANDRÉ ERWIN.

EPILOGUE

PETITE-FRANCE, PETITE-ALSACE

Le père Erwin, Simone et la cousine Silbermann sont arrivés à Lausanne le même jour.

Le mariage d'André et de Simone a eu lieu la semaine suivante, puis toute la famille est allée s'établir pour quelques semaines, dans le village de Chailly, que couronne la forêt de Rovézéra, et dont les maisons blanches, entourées de vignes, dominent les eaux bleues du lac.

Le lendemain du mariage, la cousine est retournée à Strasbourg, emportant la photographie de Petite-France, de Petite-France avec une cocarde tricolore sur le côté du front, côté du cœur, au milieu de ses cheveux blonds bouclés.

Le père Erwin, Simone, André et Marie sont revenus à Paris en mai ; ils se sont installés dans leur modeste appartement du quai de Béthune, unis par une profonde affection, confiants en l'avenir, satisfaits de leur modique revenu, auquel est venu s'ajouter le produit d'une place que des amis communs ont procurée à André.

Marie, qui n'a d'yeux que pour son grand-père, André et Simone, et que Simone, André et son grand-père adorent, a reçu une dénomination nouvelle.

A Strasbourg, on l'appelait *Petite-France*, à Paris on l'appelle *Petite-Alsace*.

Mais elle répond avec le même empressement à l'un ou à l'autre de ces noms, car elle a appris, à Strasbourg et à Paris, que France et Alsace sont une même, une indivisible patrie.

L'ALLEMAGNE

EN ITALIE

UN MARTYR DE LA LIBERTÉ

I

SUR LA RIVE DES ESCLAVONS

Le 6 Février 1831, dans l'après-midi, il y avait affluence à Venise, sur le môle et la rive des Esclavons.

Le temps était superbe, il est vrai, et d'une douceur exceptionnelle pour la saison ; la lagune, le Lido ruisselaient de soleil ; puis c'était dimanche, et les Vénitiens ont fait de la *Piazzetta* et de la *riva degli Schiavoni* leur promenade favorite de jour, réservant la place Saint-Marc et ses portiques pour le soir.

Cependant la foule paraissait plus nombreuse et plus animée qu'à l'ordinaire.

D'autre part, les agents de police pullulaient, et

le poste de Croates du palais ducal était consigné.

Venise, on le sait, appartenait, à cette époque, à l'Autriche, qui la traitait comme ses autres possessions d'Italie: avec une rigueur tout allemande.

Evidemment il se passait quelque chose d'insolite dans l'admirable cité, jadis reine, alors esclave.

Chaque fois qu'un bateau venant de Chioggia ou de Trieste, entrait dans le port, c'était à qui se précipiterait pour obtenir des nouvelles.

Un égal empressement se manifestait autour des barques arrivant de Malghera, de Mira, de Mirano, de Dolo.

C'est que la situation se compliquait avec autant de promptitude que de gravité au centre de la péninsule, et que les Vénitiens s'intéressaient ardemment à des événements d'où pouvait découler leur libération; c'est que, depuis le matin, on avait successivement appris à San-Marco: 1° d'Ancône, que le cardinal Cappellari venait de succéder (2 février) à Pie VIII, sous le nom de Grégoire XVI ; 2° de Mestre, que le duc de Modène, fuyant devant ses sujets soulevés (3 février), s'était réfugié à Mantoue ; 3° de Padoue, que l'agitation des esprits allait croissant à Ferrare, que, le 4 février, Bologne insurgée, avait chassé les troupes pontificales, l'archevêque, le pro-légat, constitué un gouvernement provisoire auquel adhéraient successivement les villes de l'Emilie et de l'Ombrie, bref que la révolution se développait dans l'Italie centrale tendait à gagner l'Italie méridionale et grondait dans l'Italie du nord, où elle avait failli éclater dix fois depuis 1815, où la peur des baïonnettes étrangères maintenait seule les populations dans l'obéissance.

Or, la révolution triomphante, c'était le rêve de Venise.

Des groupes se formaient sur un point ou sur un autre du quai, lorsqu'un bruit à sensation circulait, et se dispersaient à l'approche des *sbires*, dont l'attitude provocante intimidait.

Devant le café *Oriental*, qu'on voit entre le pont della Paglia et l'hôtel Danieli, l'endroit le plus fréquenté de la rive des Esclavons, celui où exercent, de préférence, les musiciens ambulants, les petits marchands de verroterie, où l'impresario du Guignol vénitien, *Facanapa*, dresse le plus souvent son théâtre de toile, où accostent les bâteaux-omnibus du Lido, de Malamocco, de Palestrina, de Chioggia, les conversations étaient plus vives qu'ailleurs.

Les innombrables tables carrées de ce café en plein vent qui, les jours de beau temps, envahissent la largeur de la rive, regorgeaient de consommateurs appartenant au commerce, à la marine, de Vénitiens pur sang, sur lesquels les informations résumées ci-dessus produisaient une vive impression.

A l'une des tables, huit ou dix amis, de différents âges, causaient, en fumant, en buvant, de ce qui préoccupait tout le monde.

— Le mouvement est prématuré, hasardait une barbe grise.

— Pourquoi ? contestait un jeune.

— Nous sommes trop près de 1815. L'ancien régime succombera, mais moins vite que nous ne le désirons. En 1820, les Deux-Siciles s'insurgèrent et obtinrent une constitution, que Ferdinand IV jura ; l'année suivante, les puissances qualifièrent, au congrès de Laybach, cette constitution d'hérétique, et autorisèrent l'Autriche à passer le Pô pour aller rétablir, à Naples, le vieil état de choses monarchique. Il en fut de même en Espagne, où le roi de France, Louis XVIII, envoya, en 1823, cent mille hommes dans le but de restaurer le pouvoir absolu. A deux pas de nous, il y a cinq ans, le souverain du Piémont a remis en vigueur les corvées, persécuté les Vaudois et interdit aux gens qui ne possédaient pas au moins quinze cents livres, de faire apprendre à lire à leurs enfants ; plus récemment nous avons assisté à une tentative du pape pour réorganiser la féodalité ; maintenant, nous constatons partout la puissance des jésuites. Croyez-moi, la délivrance est loin, et c'est parce que j'en ai la conviction que je considère comme prématurée l'insurrection actuelle.

— Qui sait ! La liberté est forte.

— Quand elle est adulte. Laissez-la grandir, elle fera des miracles ; imposez-lui des travaux au-dessus de son âge elle sera impuissante.

Un garçon passa ; on lui demanda des verres d'eau et des cigares.

— Ah ! fit la barbe grise, voici la signorina Ara

bella Selvatico avec sa mère, la signora Candida, et le père de son fiancé, le signore Aldini.

— Quelle aimable personne, dit un des interlocuteurs en allumant un cigare.

— Et aussi bonne qu'elle est jolie.

— Avec cela de la fortune.

— Quand doit-elle épouser Guido Aldini?

— Après Pâques.

— Si ce couple-là n'est pas heureux !...

— On s'en étonnerait d'autant plus que la raison et l'inclination sont réunies dans cette union. Les deux familles appartiennent au même monde; le père Selvatico était négociant, le père Aldini est armateur; les deux jeunes gens sont, personnellement, à l'abri du besoin; la future a vingt ans, le futur en a vingt-huit; ils se connaissent depuis leur enfance, ils s'aiment, leurs parents sont unis par une sincère amitié : ils ont tout ce qui est capable de constituer le bonheur.

La jeune fille dont on parlait descendait le pont della Paglia, venant de la Piazzetta, en compagnie de sa mère, une matrone à l'air doux, d'une cinquantaine d'années, et du signore Aldini, le père de Guido, un vieillard de soixante-treize ans.

C'était une délicieuse *biondina* à l'épaisse chevelure, aux dents blanches, aux yeux brillants, au profil régulier, à la taille svelte, au sourire charmant.

Elle portait, avec une grâce infinie, une toilette d'une élégante simplicité qui lui seyait à ravir.

Sa mère, le vieil Aldini et elle se promenèrent

sur la rive, saluant leurs connaissances, donnant, de temps en temps, une poignée de main, un bonjour.

— Voilà Guido ! s'écria joyeusement Arabella, en montrant une gondole qui approchait du quai.

— Oui, fit la signora Candida.

— Il arrive de Malamocco, où j'attends un trois-mâts de Rimini, expliqua le signore Aldini.

La gondole accosta, Guido sauta à terre et tomba devant le petit groupe qui s'était porté à sa rencontre.

De taille ordinaire, brun, avec de grands yeux expressifs, le front large, les traits agréables, la bouche ombragée de moustaches, un peu pâle, nerveux, l'air loyal, chérissant son père, adorant sa future, travailleur, intelligent, passionné pour sa patrie, capable de tous les dévoûments, il eût été difficile de trouver un meilleur parti pour une Vénitienne de bonne maison.

Il tendit la main à son père, à la signora Candida, à Arabella qu'il complimenta sur sa mine et s toilette.

— Vous êtes adorablement mise, lui dit-il.

— Vous trouvez ?

— Je gage que je ne suis pas le premier à vou faire ce compliment.

— Vous arrivez si tard !

— Attrape ! exclama le père. Tu es allé à Mala mocco?

— Non ; le commis devant s'y arrêter en revenar de Chioggia, j'ai cru inutile de m'y rendre..

— Alors, d'où viens-tu à cette heure indue, vagabond?

— Ne voyez-vous pas que vous l'embarrassez? Tenez, il rougit, ajouta, en riant, la mère d'Arabella.

— Quoi, vous aussi, signora Candida, vous m'accablez?

— Absolument, monsieur l'irrégulier.

— Si mes alliés m'abandonnent, je déserte.

— Il ne vous manquerait plus que cela! répliqua Arabella.

— Oh! il n'irait pas loin, plaisanta le père avec un sourire railleur.

— C'est vrai, avoua Guido.

Tous les quatre allèrent et vinrent pendant un instant le long de la rive.

— Le beau soleil! accentua la jeune fille, dont le regard embrassait la lagune; on ne se croirait jamais au 6 février.

— Aussi, que de monde sur le môle, remarqua le père.

Arabella et Guido échangèrent quelques paroles en marchant côte à côte.

— Si les bruits qui circulent se vérifient, reprit la signora Candida, nous courons le risque d'avoir un carnaval troublé.

— Oui, repartit Guido; mais il est probable que les Allemands s'en plaindront plus que les Italiens.

— Ne vous mêlez point aux mouvements dont on

parle, je vous en prie, dit Arabella ; vous avez la passion de la liberté, et...

— Je n'ai qu'une passion : vous.

— Est-ce vrai, ce mensonge-là?

— Ne le savez-vous pas?...

— J'espère, interrompit la signora Candida, s'adressant à son futur gendre, que vous voudrez bien, jusqu'à des temps plus calmes, oublier la politique, qui vous absorbe trop depuis trois mois, pour vous occuper d'autres soins. Et d'abord, vous savez qu'il y a *calvachina* (bal masqué), ce soir, chez la signora Salvagnoli, et que nous comptons sur vous pour nous accompagner?

— J'irai vous prendre avec ma gondole.

— C'est promis ?

— C'est juré.

— Bien.

— A quelle heure ?

— A dix heures, n'est-ce pas, Arabella ?

— A dix heures, oui, mère.

— Et vous, signore Aldini? on a témoigné, chez les Salvagnoli, où l'on vous réclame continuellement, un vif désir de vous avoir.

— Merci, signora Candida ; à mon âge, on se couche comme les poules : c'est le meilleur moyen d'économiser ses jours quand on n'en a plus qu'une petite provision. J'ai tantôt soixante-treize ans, et, quoique je sois encore ferme sur mes jambes, le bal masqué n'est plus mon affaire.

— Au moins dînerez-vous avec nous ?

— Volontiers.

— Guido aussi?

— Avec plaisir, répondit vivement ce dernier. Nous serons chez vous à 7 heures ; à 9 heures je reconduirai mon père à la maison, je m'habillerai et je reviendrai vous chercher.

— C'est cela, approuva Arabella rayonnante.

— Voilà trois heures, fit la signora Candida en regardant sa montre, et nous devons aller au Palais Benzon où l'on tire, cette après-midi, une tombola au bénifice des familles pauvres de Murano.

— Je vais avec vous, dit le signore Aldini.

— Avez-vous votre gondole ? demanda le jeune homme à Arabella.

— Non.

— Prenez la mienne.

Et appelant du geste et de la voix son gondolier, il lui ordonna de se mettre à la disposition des deux dames qu'il conduisit jusqu'à l'escalier de pierre du canal de l'hôtel Danieli où l'embarcation était amarrée.

— Ainsi, c'est convenu, vous nous appartenez ce soir, insista la signora Candida, avant d'entrer dans la gondole.

Guido s'inclina.

— A partir de sept heures ? appuya gravement Arabella.

— Soyez tranquille, mon enfant affirma le signore Aldini en s'asseyant sur la banquette de face, il sera plutôt en avance qu'en retard.

Guido opina, en riant, du bonnet, salua Arabella et la signora Candida, et sa gondole fila dans la direction du Rialto, en passant derrière le palais ducal et San Marco.

Quand elle fut loin il remonta sur la rive et s'avança vers les Vénitiens que nous avons vus discourant sur la politique à l'une des tables du *Café Oriental.*

— Bonjour Dolphin, bonjour Strigelli, bonjour Avesani, bonjour Gaëtano, dit-il, en distribuant des poignées de main à droite, à gauche, quelques-unes plus chaudes que d'autres et qui semblaient avoir une signification particulière.

— Quelles nouvelles apportes-tu?

Un garçon s'avança.

Guido commanda du café et alluma un cigare.

Les vénitiens se rapprochèrent curieusement.

— Vous savez les informations de Bologne et de Mantoue?

— Oui.

— Hé bien, ces informations sont de la plus entière exactitude.

Il y eut un frémissement de plaisir dans le groupe.

Le garçon versa le café.

Guido jeta du sucre dans sa tasse et but à petit trait.

— Et vous, poursuivit-il en s'adressant à ceux qui l'entouraient, qu'avez-vous appris?

— Rien que tu ne saches sans doute toi-même, si ce n'est, peut-être, que le gouverneur de Venise arme les forts de la lagune, dans le but avoué de bombarder la ville en cas de révolte.

— Ah ! ces Allemands, quand en serons-nous délivrés ! soupira Guido en mordillant fébrilement son cigare.

— Piano ! cher ami, pria un de ses voisins, homme de 55 à 60 ans, nous sommes entourés de sbires.

Guido eut une crispation de colère et acheva de boire sa tasse de café.

— J'ai la foi, reprit-il d'un ton pénétré, que prochainement nous pourrons parler hautement de la patrie italienne.

— Pesaro, Urbino, Pérouse ont adhéré à la révolution de Bologne, et tout annonce que Spolette, Terni, Narni ne tarderont pas à imiter cet exemple. Quant à Rome, le nouveau pape, dont l'esprit rétrograde est connu, s'y maintiendra difficilement, si le mouvement se propage.

— Il se propagera, affirma Guido. Vicini et Zucchi organisent à Bologne la garde nationale et constituent un gouvernement des provinces unies de l'Italie ; lorsque les villes soulevées seront armées et liées par un acte commun, elles entraîneront toute la péninsule.

— Si les puissances n'interviennent pas.

— La France est avec l'Italie libérale et indépendante, elle empêchera notre écrasement.

— Qui compte sur autrui risque de se trouver au dépourvu, objecta, en hochant la tête, le plus âgé des interlocuteurs. La France porte le poids de ses désastres, et sa situation lui commande une grande prudence vis-à-vis de l'Europe autoritaire. Je suis convaincu qu'elle aidera les Italiens, qu'elle leur prouvera sa sympathie, mais je doute qu'elle puisse les protéger efficacement contre les armées autrichiennes qui se forment dans le quadrilatère.

— A la grâce de Dieu ! que les libéraux italiens se protégent seuls.

A cet instant, quatre musiciens ambulants jouant : l'un de la harpe, l'autre du violoncelle, le troisième et le quatrième du violon, s'arrêtèrent devant le café, accordèrent leurs instruments et entamèrent la cavatine du *Barbier de Séville : Ecco ridente il cielo*, une des productions Rossiniennes les plus populaires en Italie.

Pendant qu'ils égrenaient ce collier de perles de l'écrin du cygne de Pesaro, les promeneurs, les promeneuses se massèrent derrière eux, et comme tout rassemblement attirait immédiatement la police, trois sbires ne tardèrent pas à se faufiler au premier rang des auditeurs.

Les Vénitiens, après avoir inutilement tenté de les arrêter avec leurs coudes, leur cédèrent la place en s'en éloignant comme de lépreux.

Tous trois, rougissant de colère, se rapprochèrent, se campèrent et jetèrent autour d'eux un regard insolent.

Pour ceux qui connaissaient la police autrichienne le moindre incident devait, dans ces conjonctures, provoquer la dispersion de la foule par la force, et des arrestations.

Mais il courait, sur la rive des Esclavons, un air de rebellion qui, fortuitement, donnait de l'assurance même aux personnes craintives.

— Drôles!... maugréa Guido en regardant de travers les sbires.

Ceux-ci entendirent vaguement l'apostrophe et dressèrent les oreilles.

L'un, qui portait les insignes de brigadier, s'avança d'un pas, les sourcils froncés.

— C'est vous, là-bas, qui avez parlé? interrogea-t-il avec l'accent vénitien.

— Oui, répliqua Guido en prenant involontairement la canne d'un de ses compagnons de table : après?...

— Arrêtez cet individu!

Les autres agents se disposaient à empoigner le jeune homme, lorsque les musiciens, qui n'avaient pas cessé de jouer, arrivèrent au chœur des virtuoses généreusement récompensés pour la sérénade qu'ils ont donnée à Rosina, et dont les remerciements importuns exaspèrent Almaviva au point qu'il les chasse en répétant : « *Ah! maledetti, andate via! Ah! canaglia, via di qua!*

(Ah! maudits, allez-vous en! Ah! canaille, hors d'ici!)

L'occasion d'appliquer ce passage était trop belle pour que la foule la laissât échapper, aussi se mit-elle à battre des mains et à chanter : «... *Ah canaglia, via di qua!* »

Les sbires reçurent l'allusion en plein visage, comme un soufflet.

— Hors d'ici vous-mêmes, canailles! sacra celui qui avait interpellé Guido, en bousculant les musiciens et en brisant, d'un coup de pied, leur violoncelle.

Les spectateurs eurent un « oh! » d'indignation, et faillirent, à leur tour, casser incontinent les reins à l'irascible policier.

— Messieurs, protesta Guido, nous n'avons pas dansé, mais il convient que nous payions les violons. Il ne serait pas juste que ces pauvres gens fussent victimes, à cause de nous, des brutalités de ces *poliziotti*. Voici mon obole.

Et il déposa un thaler dans le chapeau du violoncelliste.

— C'est une provocation? interpella l'agent.

— Non, c'est une réparation... et une leçon.

— Une leçon! Nous n'en recevons point de vos pareils.

— Mes pareils!... mes pareils valent mieux que toi, brigand!

— Saisissez cet homme! commanda le sbire exaspéré à ses collègues indécis.

— Essayez! articula Guido, l'œil en feu et en brandissant sa chaise.

Les agents tirèrent leurs armes.

Diverses personnes cherchèrent à apaiser le jeune homme, prévoyant que cette violente altercation, si elle se prolongeait, aurait des conséquences funestes pour lui.

D'autre part, étroitement serrés par la foule qui

parlait de les jeter à l'eau s'ils se servaient de leurs sabres, les sbires n'osaient recourir à la force.

— C'est une honte, reprit Guido en désignant le brigadier, quand des Italiens exercent le métier de policiers dans leur patrie opprimée. Que des Allemands servent les Allemands, rien de plus naturel ; mais que des Vénitiens, à Venise, se mettent à la solde des Allemands pour espionner leurs compatriotes, qu'ils se fassent les valets, les bourreaux de l'étranger, voilà ce qu'on ne saurait admettre, voilà ce qui ne convient qu'à des âmes viles.

— Arrêtez cet homme ! répéta le sbire aux deux agents et en dégaînant.

— Un peu de modération, signore ! se récrièrent, en se levant, en s'interposant, plusieurs consommateurs.

— Arrière !

— Va-t-en ! dirent quelques amis au jeune homme, en le poussant par les épaules. Va t-en, cela vaudra mieux.

— Vous voulez le soustraire à la justice, vous ne réussirez pas, vociféra le brigadier en se frayant un passage au milieu des tables, des chaises et en cherchant à saisir, par le pan de son habit, Guido, que l'on éloignait bon gré mal gré.

Un siége, renversé à propos, par une main inconnue, le fit trébucher.

Des rires éclatèrent.

Il se releva hors de lui.

— Nous verrons qui rira le dernier, rugit-il, au paroxysme de la colère.

Et se tournant du côté du palais ducal : « A la garde! » cria-t-il de toute la puissance de ses poumons.

A cet appel les agents en observation sur le môle se précipitèrent vers le pont della Paglia, l'officier du poste fit prendre les fusils à ses soldats, les promeneurs, les promeneuses du môle, de la Piazetta, dont l'esprit était bourré de nouvelles alarmantes, se sauvèrent dans la direction de la place Saint-Marc et de la Mercerie, ceux de la rive des Esclavons détalèrent vers san Zaccaria, et en un clin d'œil l'espace compris entre le jardin du *Palazzo Reale* et le pont de l'hôtel Danieli devint désert.

Les policiers empoignèrent les quatre musiciens ambulants qui, occupés de leurs instruments et de leur recette, n'avaient pas eu le temps de fuir.

Mais là durent se borner leurs prises.

— Patience, grinça le brigadier, les yeux fixés sur le *sotto portico* (passage vouté) San Zaccaria, par où Guido venait de s'échapper, nous nous reverrons.

Les sbires entrèrent dans le café, interrogèrent les garçons, le patron, recueillirent des indications, et entraînèrent les musiciens à la direction de la police.

Un quart d'heure après, le môle et la rive des Esclavons étaient garnis de troupes, des patrouilles de croates parcouraient le quartier Saint-Marc, et le général gouverneur de la ville donnait l'ordre de tirer sur les rassemblements qui ne se disperseraient pas à la première sommation.

— Si les Vénitiens se laissent aller à la tentation d'imiter les révolutionnaires de Modène et de Bologne, déclara-t-il militairement, nous leur apprendrons le respect de l'autorité légale.

Et avant la nuit, le commandant de l'artillerie amena, de l'île San Giorgio Maggiore, qui est située à l'extrémité de la Giudecca, en face du palais ducal, une batterie de pièces de 4 que les artilleurs chargèrent ostensiblement à mitraille sur la Piazzetta.

On était à la fin de la saison du carnaval, le Mardi-Gras tombant cette année-là le 15 février, et il devait y avoir, le soir, bal masqué dans différents théâtres.

— Voilà de quoi faire danser en mesure les *patriotes*, ricana le général-gouverneur en montrant à son état-major la batterie de canons.

Cette plaisanterie, qui eut beaucoup de succès dans le corps des officiers de la garnison et qui se répandit sous les portiques de Saint-Marc, remplit Venise de crainte et d'indignation.

II

LES POLIZIOTTI

Guido avait pu s'esquiver à la faveur de la bagarre, mais il n'était pas, pour cela, hors d'atteinte des griffes de la police.

On le connaissait sur le port, et il suffisait qu'un traître eût donné son nom pour qu'en rentrant chez lui il tombât au milieu d'une escouade de sbires envoyée pour l'arrêter.

Le brigadier, si vigoureusement apostrophé, était surtout à craindre.

Vénitien au service de l'Autriche, il apportait dans ses fonctions d'autant plus de haine, d'acharnement, qu'il était plus détesté, plus méprisé de ses compatriotes.

Jamais il n'oubliait une injure ; quand il en voulait à quelqu'un, il n'était sorte de persécution qu'il ne lui fit subir, et si ce quelqu'un appartenait notoirement à l'opinion libérale, le pouvoir l'aidait.

Ce brigadier, noiraud, de taille ordinaire, à l'œil méchant, au teint bilieux, se nommait Nicolo ; dans le quartier de *Castello*, partie centrale de la ville, où il exerçait son métier, on le surnommait l'*infâme*, et on ne le désignait que sous cette appellation.

Il ne l'ignorait point ; aussi recherchait-il les occasions d'être désagréable aux Vénitiens.

Il provoquait les dénonciations, dont l'Autriche abusait, qu'elle encourageait et récompensait ; il jubilait quand il parvenait, par une suite de tracasseries basses, de persécutions, à ruiner un patriote ou à l'envoyer pourrir dans quelque forteresse de Moravie, comme Pallavicini, Borsieri, Andryanne, Maroncelli, Silvio Pellico, Gonfalonieri.

Sa puissance était d'autant plus grande que l'autorité croyait avoir besoin de lui, et qu'elle stimulait son zèle.

Depuis que la secte des Carbonari s'était propagée dans le nord de l'Italie, depuis 1818, l'Autriche se servait plus volontiers de ses policiers que de ses soldats pour maintenir les populations frémissantes de la péninsule.

C'est avec les policiers qu'elle remplissait de prévenus de délits politiques les prisons de la Vénétie, de la Polésine, de la Lombardie, et le dernier des sbires avait plus d'influence devant ses commissions mixtes que vingt notables respectés et considérés réunis.

Nulle part, il est vrai, police ne fut plus abhorrée,

plus conspuée ; mais qu'importe la haine au despotisme ?

« Vous avez carte blanche chaque fois qu'il s'agira d'un libéral », disait l'Autriche à ses agents qui devenaient ainsi autant de tyranneaux devant lesquels il fallait courber l'échine.

Dans ces conditions, comment douter que Nicolo se vengerait de l'affront qu'il avait reçu sur la rive des Esclavons, qu'il s'en vengerait en profitant du redoublement de rigueur inquisitoriale que provoquaient les insurrections de Modène et de Bologne ?

— Ne rentre pas chez toi, maintenant, conseilla à Guido un des consommateurs du *Café Oriental*, en serrant la main au jeune homme, au coin de l'église de San Giovanni in Olio.

— Prépare un alibi, fit un autre en le quittant cinquante pas plus loin.

— Evite de te montrer à Saint-Marc ou sur la rive ; dans quinze jours tout sera oublié, ajouta un troisième en s'en allant également.

Arrivé au Campo Santa-Maria-Formosa, Guido n'avait plus auprès de lui qu'un seul compagnon.

Celui-là semblait plus avant dans son amitié.

— Dolfin, dit-il à ce fidèle, tout en marchant, les événements se précipitent, le temps presse, l'heure d'agir est venue. Si nous laissons les Allemands prendre des mesures de précaution, appeler des troupes de Trieste, nous sommes perdus. Vois de suite nos amis ; il faut que nous nous réunissions, vers minuit, dans le local habituel de nos séances.

Demain, comme il était convenu, serait trop tard. J'ai vu, ce matin, les ouvriers les plus influents et les plus résolus de l'arsenal. Les *arsenalotti* seront avec nous au premier signal. Nous aurons aussi les hommes du port et les *nicolotti* (pêcheurs, matelots, ouvriers de la partie nord de Venise, qui est la partie pauvre.) Je parle ici des combattants, car, tu le sais, Venise entière nous applaudira, et nous bénira si nous réussissons.

— Compte sur moi, répondit Dolfin ; tout le monde sera au rendez-vous à minuit.

— Adieu.

— Adieu.

Les deux amis, qui s'étaient parlés à mi-voix, se séparèrent, après une poignée de main, l'un coupant à gauche, vers le Rialto, l'autre se dirigeant du côté de San-Giovanni-Paolo.

La nouvelle du tumulte des Esclavons se répandait par la ville avec les fuyards de la rive, de la Piazzetta, et se grossissait au fur et à mesure qu'elle gagnait du terrain.

A six heures, dans le quartier de Cannareggio, on affirmait qu'il y avait eu bataille et, de part et d'autre, des morts, des blessés.

Des informations analogues couraient dans les quartiers San Polo et de Dorsoduro et y jetaient une agitation que les renseignements du dehors, amplifiés comme ceux du dedans, contribuaient à entretenir.

Qu'allait-il advenir ?

L'Italie, Venise devaient-elles être, cette fois, délivrées des *Tedeschi* (Allemands), ou ceux-ci allaient-ils encore écraser les patriotes italiens ?

Des couteaux, des stylets commençaient à briller dans les mains des mariniers, des gondoliers, et au coin des ruelles, des *campi* (places publiques), le long des quais, à l'entrée des ponts, on lisait sur les murs des inscriptions de ce genre, tracées au charbon : *W. l'Italia ! W. la liberta ! W. l'indipendenza ! Morte ai Tedeschi !* — Vive l'Italie ! Vive la liberté ! Vive l'indépendance ! Mort aux Allemands !

L'animation qui résultait de la saison du carnaval, du dimanche, de la fréquentation des cafés, des *osterie*, décuplait l'effervescence politique dans les endroits où ne se montraient pas les patrouilles, et l'on eût dit par là, que la cause autrichienne était perdue dans la lagune, dans la péninsule, tellement le peuple croit facilement, au milieu des crises qu'il traverse, ce qu'il désire ou ce qu'il redoute.

Guido remarqua avec plaisir ces symptômes non équivoques et en conclut que Venise était prête à briser sa chaîne.

« Je savais bien, murmura-t-il, que notre population frémirait d'impatience au bruit du soulèvement de l'Italie. Il s'agit de profiter de son ardeur, de la diriger ; c'est ce que nous allons faire. »

Guido, on l'a deviné, était un de ceux qu'on appelait alors « révolutionnaires », qui voulaient délivrer leur pays de l'étranger et, conséquemment, du régime despotique rétabli par la restauration.

Plus hardis que les Carbonari auxquels ils succédaient, les *révolutionnaires* ou *libéraux* avaient des idées, des vues plus larges, plus saines.

La plupart des villes du centre et du nord de la péninsule possédaient un « comité libéral » présidé par des hommes énergiques, et, du nord au sud, les comités correspondaient entre eux, en dépit de la police.

Le comité de Venise, un des derniers fondés, avait pour chef Guido, âme ardente, courageuse, prête à tout pour libérer la patrie, pour chasser les Allemands.

Prompt à s'enflammer, à s'illusionner, Guido ne ménageait ni son temps, ni sa bourse, ni sa personne.

Atteindre au but, telle était son idée fixe ; pour cela il marchait droit devant lui, le cœur haut, l'esprit ferme, sans hésitation, sans faiblesse.

Les *poliziotti* l'observaient, surveillaient ses pas, ses démarches, l'autorité recevait, contre lui, des rapports qui, tôt ou tard, devaient amener son arrestation, le vieil Aldini le savait, et il n'était pas de jour qu'il ne priât son fils de se tenir tranquille, de ne point s'exposer, de supporter le présent avec la conviction que l'avenir serait moins triste ; mais Guido, qui pourtant chérissait son père, ne pouvait se résigner à lui obéir sur ce point.

Après avoir erré à l'aventure, la nuit tombant, il se décida à se rendre chez sa fiancée, où on l'attendait pour dîner.

« Avésani et Strigelli ont raison, pensa-t-il en réfléchissant aux conseils que lui avaient donnés, en le quittant, deux des spectateurs de la scène du

Café Oriental ; il est préférable que je ne rentre point ce soir à la maison. Ce n'est pas au moment décisif que je dois risquer de me faire arrêter. Ma liberté ne m'appartient pas ; elle appartient à Venise, à l'Italie ; je serais coupable de la compromettre légèrement. Je dirai à mon père, à Arabella que la prudence m'engage à ne pas paraître pendant deux ou trois jours à San-Marco, et ils seront les premiers à m'envoyer à notre casino du Lido ou à notre comptoir de Malamocco. J'aurai ainsi la liberté, de préparer le soulèvement qui rendra notre sort aussi enviable que celui de nos frères de Bologne et de Modène. »

Tout en s'entretenant de la sorte, il se dirigeait, par une infinité de rues étroites et de ponts, vers le campo San-Stefano, où demeurait Arabella[1].

Près du palais Rezzonico, qui se trouve au coude du canal Grande, à deux pas du fameux palais Foscari, il prit le *Traghetto*. (Service permanent de gondoles, au bout de diverses rues, pour passer le canal.)

Quelques minutes après il sonnait à la porte de la maison Selvatico.

[1] Venise est bâtie sur 117 ilots et sillonnée par 149 canaux sur lesquels on ne compte pas moins de 380 ponts ; ses rues, extrêmement étroites et au nombre de 2149, sont nommées *calle* ; ses quais, à part la rive des Esclavons et le Môle : *fondamenta* ; ses places publiques, il y en a 294 plus ou moins grandes : *campi*. Une exception est faite pour le forum vénitien qu'on n'appelle pas *campo San-Marco,* mais piazza San-Marco, et piazzetta du côté du palais ducal et de la lagune.

La bonne ouvrit.

— Bonjour, Nina.

— On est impatient de vous voir, monsieur.

— Mon père est arrivé ?

— Il est avec madame et mademoiselle, au salon.

Guido donna son manteau à Nina et, comme un homme sachant les êtres, se dirigea vers le salon où son entrée produisit une explosion de contentement.

— Enfin !

— Le voilà ! exclamèrent Arabella et le vieil Aldini.

— Vous nous avez mis dans une vive inquiétude, dit à son tour la signora Candida.

— Pardon, père, pardon Arabella, pardon signora Candida, mais un incident imprévu...

— Oui ; Zéfirino, ton gondolier, que nous avons envoyé aux renseignements, et qui t'attend à l'angle du palais pour te conduire à Malamocco, nous a appris que tu t'es disputé avec des sbires sur la rive des Esclavons et que la police te recherche. Trois agents sont déjà venus à la maison pour t'inviter à te rendre à la direction générale de la police. Ce que je redoutais est arrivé : te voilà poursuivi et à la veille d'être emprisonné. Ne pouvais-tu épargner cette cruelle épreuve à ma vieillesse ?

— Père, je t'assure que je n'ai point provoqué la scène du café Oriental, dont mille individus ont été les acteurs. La rage d'un des sbires s'est concentrée sur moi, voilà tout. Ah ! si le sort nous aide, nous serons prochainement délivrés de la horde allemande qui nous oppresse : policiers, fonctionnaires, officiers, soldats et le reste.

— Le sort ! Ne sais-tu pas combien il est dur pour notre malheureuse patrie depuis seize ans ? Je t'en conjure, laisse là, momentanément au moins, tes rêves politiques. L'heure de la justice sonnera pour l'Italie, pour Venise ; tu es jeune, tu l'entendras ; patiente, et, si tu nous aimes, reste tranquille au milieu de nous, dont tu es l'espérance.

— Père, ne t'effraye point, ni vous Arabella, ni vous signora Candida ; je ne cours pas de dangers. Depuis hier l'Italie centrale est debout : d'Ancône à Bologne, à Modène, à Ferrare, les patriotes ont triomphé, sont maîtres du terrain. L'Autriche ne saurait se maintenir plus longtemps dans la Péninsule. Seize ans de souffrances, de tyrannie, d'humiliation, c'est assez ; nous n'en supporterons pas davantage. Dehors l'étranger ! Ce cri est celui de tous les Italiens.

— Les Italiens sont-ils assez forts pour le pousser impunément devant les Autrichiens ?

— Oui, s'ils le veulent. Une nation de vingt-cinq millions d'âmes peut-être surprise, vaincue ; elle ne saurait être éternellement tenue en esclavage, lorsqu'elle a conservé le sentiment de la liberté et celui de sa dignité.

— Mon enfant, je t'approuve d'aimer à ce point ta patrie, je partage tes aspirations ; seulement, l'âge, qui m'a donné l'expérience, me fait voir les choses avec plus de calme. L'Italie brisera ses chaînes, j'en ai la conviction, mais quand elle sera unie dans la même pensée d'indépendance, et que les circonstances l'aideront. Or, elle est à présent divisée, et l'Europe est coalisée contre elle.

— C'est vrai, appuya la signora Candida.

— En quelque jours, l'Allemagne peut jeter cent cinquante mille hommes dans le Lombard-Vénitien, et demain, en envoyer quarante mille dans l'Emilie, sans compromettre la défense des forteresses du quadrilatère ; qu'avons-nous à lui opposer sinon des bataillons de gardes nationaux à peine formés, à peine armés de mauvais fusils? Les forces sont trop inégales.

— Le courage et la haine décupleront celles des patriotes.

— Cela n'empêchera pas les Allemands d'être dix contre un.

— Compte-t-on les ennemis quand on suffoque ! Et toi-même, père, qui me sermonnes, ne serais-tu pas le premier, si je n'étais là, à applaudir aux vaillants de Bologne et de Modène ? J'en fais juge Arabella.

— Ne me prenez pas pour arbitre, je vous donnerais tort, grand tort, absolument tort. Aimer la liberté, c'est bien ; mais lorsqu'on n'est pas seul, il est mal de n'aimer qu'elle.

— Est-il donc vrai, que je n'aime que la liberté ? fit Guido en souriant.

— Demandez à votre père, répliqua Arabella en essuyant furtivement une larme.

— Demande à Arabella, dit le vieil Aldini à son fils, qui s'était tourné vers lui.

— Et vous signora Candida, me condamnerez-vous aussi ?

— Mon cher Guido, je suis de l'avis de votre père, et je crois de mon devoir de mère de vous prier de ne compromettre ni votre fortune, ni votre liberté, ni votre vie dans des entreprises plus généreuses que raisonnables. Les prisons d'Italie, d'Allemagne sont remplies d'Italiens. Les grandes puissances ont accepté la servitude de notre patrie, et, tant que l'Europe sera ce que l'a faite la chute de la France en 1815, nous devrons nous borner à espérer des jours meilleurs. La lutte des italiens contre l'Autriche est, dans les conjectures actuelles, celles du pot de terre contre le pot de fer. Au nom de l'affection que vous nous portez, ne vous mêlez point à cette lutte.

Il y eut un silence pendant lequel Guido, embarrassé, alla s'asseoir sur un fauteuil, dans un coin du salon.

— J'ai pensé, reprit le vieillard, qu'une absence passagère apaiserait l'autorité, qui n'a contre toi que des griefs de peu d'importance. Tu vas te retirer à notre comptoir de Malamacco, où il sera difficile de t'accuser de menées révolutionnaires ; quand on aura acquis la certitude que tu ne t'occupes que de nos affaires, tu reviendras. J'irai te voir dans ton exil, et je suis sûr que la signora Candida et Arabella m'accompagneront une fois ou deux.

— Certainement, aquiesça la signora Candida.

— Est-ce convenu ?

— C'est convenu, père, puisque tu le désires.

— Nous allons dîner tous les quatre, en famille,

dit la signora Candida, et, au lieu de nous rendre au bal, nous nous séparerons comme des gens raisonnables, avec l'espoir de nous revoir incessamment, même d'achever, ici, la semaine prochaine, la saison du carnaval.

— A merveille, s'écria le vieil Aldini, avec un éclair de contentement.

— Deux minutes, afin de voir si l'on nous sert, car je suis en retard et vous devez avoir faim, ajouta la signora Candida en se dirigeant vers la salle à manger pour donner des ordres.

— J'ai, de mon côté, quelques recommandations à faire à notre gondolier ; si Nina voulait l'appeler...

— Tout de suite.

— Merci.

Les grands parents sortirent.

Guido s'approcha d'Arabella.

— Ce que je craignais est arrivé, lui dit la jeune fille en lui abandonnant sa main, qu'il prit pour la porter à ses lèvres : vous voilà recherché par la police, à la veille d'être emprisonné, et obligé de nous quitter. Si vous aviez de l'affection pour moi, vous ne vous seriez pas mis dans cette situation qui va retarder notre mariage. Mais peut-être est-ce là ce que vous désirez.

— Oh !... fit Guido avec reproche.

— Ne m'aviez-vous pas promis que vous ne vous mêleriez plus de politique ?

— Je vous assure que l'algarade d'aujourd'hui tient à des circonstances imprévues plus qu'à mon action personnelle. Du reste, vous vous en exagérez les conséquences. La direction de la police m'a fait appeler pour me demander des explications et me menacer, sans doute, non dans le but de m'arrêter.

— Vous connaissez trop l'autorité allemande pour croire un mot de ce que vous avancez-là.

— Quoi qu'il en soit, notre séparation ne sera pas de longue durée.

— Il eut mieux valu ne pas être séparés du tout.

— Vous êtes un ange, et je ne suis qu'un indigne profane ; mais ne vous tourmentez pas ma bien-aimée : dans peu nous n'aurons à redouter ni les sbires allemands, ni les soudards croates, et nous vivrons en paix dans notre Venise délivrée.

— Toujours vos illusions...

— Mes illusions sont, actuellement, des réalités à Bologne, à Modène, à Ferrare ; pourquoi ne seraient-elles pas, demain, des réalités à San-Marco ?

— Pourquoi ?... Parce que Venise est faible, et que l'Autriche, qui la tient, est forte ; parce que la colombe est incapable de vaincre l'aigle rapace.

— La colombe se transformera dans la crise suprême.

— Cette crise, quand éclatera-t-elle ?

— Ah ! le plus tôt possible !

— Je savais bien, que vous nous trompiez, votre père et moi, que vous étiez engagé dans des complots (ne niez pas, votre cri vous a trahi) où vous pouvez laisser votre liberté, votre vie et notre bonheur commun. J'espérais, cependant, après vos protestations formelles, que vous vous décideriez, à l'approche de notre mariage, à vous occuper d'abord de moi, qui m'occupe tant de vous. Je vous avais demandé de me faire cette grâce. Vous n'avez pas eu égard à ma prière...

— Arabella, je suis coupable puisque vous pleurez, et je vous demande pardon pour votre douleur que je m'efforcerai de vous faire oublier.

— Vrai ? dit vivement la jeune fille en essuyant ses yeux.

— En doutez-vous ?

— Un peu.

— Mettez-moi à l'épreuve et fixez ma rançon.

— Ecoutez, Guido, j'ai de sombres pressentiments; ce sont folies si vous voulez, soit ; mais j'ai peur, et je voudrais être certaine que tant que durera l'insurrection dont on parle vous vous tiendrez à l'écart, vous ne prendrez part à aucune manifestation, à aucun mouvement. Voulez-vous me le promettre pour prix de votre rachat ?

— Je vous le promets, répondit Guido en lui baisant les deux mains.

— Promettre n'est pas assez dans ces conjonctures graves ; il faut jurer.

— Jurer ?

— Sur l'honneur. Quand vous aurez prêté ce serment, je serai rassurée, car je sais que vous ne le trahirez pas.

— Je jure, mon adorée, que je vous aime de toute mon âme, reprit Guido enlaçant sa fiancée et la regardant avec émotion ; je jure que je donnerais ma vie pour vous épargner un chagrin.

— Ce n'est pas cela ! prétendit Arabella avec impatience.

A cet instant la signora Candida, accompagnée du vieil Aldini, ouvrit la porte.

— Guido, je vous en prie, jurez sur votre honneur...

— Mes enfants, mettons-nous à table interrompit la signora Candida en s'avançant.

Guido poussa un soupir de soulagement.

Arabella eut un mouvement de désespoir qu'elle ne put réprimer.

Sa mère la prit à part, l'embrassa et lui dit à l'oreille : « L'orage se dissipera ; le calme et le beau temps reviendront.»

— Offre ton bras à la signora Candida, fit le vieil Aldini à Guido ; pour moi, je m'empare de celui de cette chère enfant.

— Signore Aldini, parlez-lui, supplia précipitamment Arabella en retenant le vieillard ; il est indispensable qu'il nous jure, avant de partir, qu'il ne participera, ni beaucoup, ni peu, à dater de ce soir, aux évènements politiques ; sans cela il continuera comme par le passé, il se perdra.

— Soyez tranquille, ma fille, nous l'obligerons à jurer ce que nous voudrons ; mais j'espère que la hâte de se retrouver auprès de vous fera plus que tout le reste.

Les quatre personnages allaient passer dans la salle à manger quand Nina entra, troublée.

— Qu'y a-t-il ? demanda la signora Candida.

— Madame, c'est Zéfirino, le gondolier, qui a vu, autour du palais, rôder des sbires, et qui désire parler à monsieur.

— Qu'il monte.

Arabella pâlit.

Zéfirino parut sur le seuil de la porte, le bonnet à la main.

— Parle, dit Aldini en lui faisant signe d'approcher.

Zéfirino était un fidèle serviteur; il aimait ses maîtres, et se serait fait tuer pour eux.

Robuste, dans la force de l'âge, probe, il avait la confiance du père autant que celle du fils.

— *Padroni* (patrons), fit-il en s'adressant à l'un et à l'autre, il y a en bas des *poliziotti* qui observent le palais.

— De quel côté ?

— Du côté de la place.

— Tu ne te trompes pas ?

— Je les ai entendus, à travers la porte, prononcer vos noms.

— Que veulent-ils ?

— Arrêter le signore Guido.

— L'arrêter ! exclama Arabella, le cœur palpitant.

— Heureusement ils ne cernent pas le petit canal qui baigne les derrières de la maison, et nous pouvons nous échapper de ce côté avec la gondole ; mais il n'y a pas de temps à perdre, car la police a des barques.

— Pars, dit le vieil Aldini à son fils. Nina, donnez-lui son manteau et son chapeau.

— Partez, répéta Arabella. Quand nous reverrons-nous, mon Dieu !

— Bientôt, je vous le promets ; et malheur à ceux qui font couler vos larmes ! signora Candida...

— Où allez-vous ?

— A notre casino du Lido, où on ne me cherchera sans doute pas et d'où je vous enverrai des nouvelles par Zéfirino.

— Passez par l'escalier qui conduit au canal.

Et la signora Candida ouvrit une porte masquée derrière une glace.

— Adieu, dit Guido, pressant et baisant les mains de la jeune fille.

— Adieu !... pleura Arabella, aveuglée par les larmes.

— Père...

Le vieil Aldini serra son fils contre sa poitrine.

A ce moment la sonnette carillonna.

— Ce sont eux ! avertit tout bas Zéfirino.

— Fuyez ! commanda Arabella épouvantée.

— Va ! va ! souffla le vieillard en poussant Guido dans l'escalier, dont il referma la porte quand le gondolier eut disparu.

Un second coup de sonnette, plus violent que l précédent, retentit.

— Faut-il ouvrir ? interrogea Nina.

— Oui répondit la signora Candida.

La serve alla, en hésitant, ouvrir la porte d dehors.

Cinq agents, parmi lesquels le brigadier Nicolo, avec qui nous avons fait connaissance sur la rive des Esclavons, se présentèrent.

— Vous avez ici un certain Guido Aldini, affirma, à brûle pourpoint, Nicolo.

— Non... non...

— Nous allons voir.

Le brigadier pénétra dans la maison avec deux de ses collègues, les deux autres sbires restèrent au bas de l'escalier.

Précédé par la serve il arriva à la porte du salon.

— Que voulez-vous, monsieur? lui dit froidement la signora Candida.

— Un nommé Aldini, qui est chez vous, nous le savons.

— Un nommé Aldini! c'est moi, déclara, en se redressant, le père de Guido.

L'agent toisa le vieillard.

— Non, répliqua-t-il dédaigneusement, ce n'est pas vous; l'individu que nous cherchons est jeune.

— Il n'est pas ici, et je vous serai obligée d'abréger votre visite, appuya la signora Candida.

— Nous nous retirerons quand nous aurons accompli notre mission. Voyez cette pièce et vous celle-ci, ordonna Nicolo à ses agents, en indiquant à chacun une porte du salon. Moi je vais visiter cette chambre.

Et du doigt, il désigna une troisième porte.

— C'est la chambre de ma fille, objecta la signora Candida.

— N'importe.

Arabella rougit.

— Misérable ! frémit le vieil Aldini.

Les trois agents reparurent.

— Fouillons les autres parties de la maison, continua le brigadier désappointé.

A peine avait-il fait deux pas vers la salle à manger qu'il s'arrêta, prêta l'oreille et courut à une fenêtre qu'il ouvrit,

— Le voilà ! s'écria-t-il en regardant en bas ; je devais m'en douter. Heureusement nous avons notre gondole. Bertea, Santini, continua-t-il en s'adressant à ses deux collègues, descendez, détachez l'embarcation, et que nos rameurs préparent leurs bras, il s'agit de rattraper cet oiseau qui fuit.

Puis, se tournant vers la signora Candida pendant que ses agents descendaient quatre à quatre l'escalier de la rue :

— Pardon du dérangement, gouailla-t-il ; mais, vous le voyez, nous avions raison de chercher ici le sieur Aldini jeune. Rassurez-vous, il ne nous échappera pas ; nous l'aurons rejoint dans une minute.

Et, saluant ironiquement, il se retira.

Le vieil Aldini courut, éperdu, à la fenêtre.

— Mon Dieu, protégez-le ! pria Arabella en joignant les mains..

— Zéfirino s'éloigne, dit le vieillard d'un ton saccadé et en regardant au dehors. — Dépêche-toi ! les sbires sont derrière vous ! — ajouta-t-il en se penchant. Il m'a entendu ; il me fait signe de la tête ; il rame vigoureusement. Bravo ! garçon. Sa gondole file rapidement ; elle atteint l'angle du grand canal ; elle tourne ; elle disparaît... Le ciel lui donne des forces !... Les sbires partent à leur tour... leur barque est lourde ; elle avance lentement... qu'elle se brise donc !...

— Sont-ils bientôt au grand canal?...

— Bientôt, oui, répondit la signora Candida à côté du vieillard.

— Les rameurs s'arrêtent ! haleta la jeune fille, hasardant, elle aussi, ses regards au dehors.

— Ce sont peut-être des vénitiens, fit la signora Candida avec espoir.

— Les sbires les interpellent et les menacent de leurs pistolets, poursuivit Arabella.

— Ils repartent, dit Aldini tremblant de tout son corps.

— La gondole entre dans le grand canal... Je ne la vois plus... acheva la jeune fille tombant, blême et presque sans connaissance, sur le sein de sa mère.

— Mon enfant, mon pauvre enfant !... sanglota le vieil Aldini, donnant un libre cours à sa douleur et s'affaissant sur un fauteuil.

III

LA CONJURATION

La maison de la signora Candida était baignée par un *rio* qui n'avait d'autre issue que le canal Grande et dont les deux bras aboutissaient : l'un à l'angle du palais Giustiniani, l'autre en face du campo della carita, quelques mètres plus haut que le pont de fer actuel.

C'est ce dernier que suivit Zéfirino.

Arrivé dans le grand canal, au lieu de filer à gauche, du côté de la dogana di mare, de la Piazzetta où il serait tombé dans des postes de douaniers, d'agents, de soldats, dans la Gueule du loup, sur l'avis de Guido, il prit à droite.

Le jeune homme s'était assis dans l'intérieur de la gondole afin de se soustraire aux regards inquisitoriaux des sbires, laissant ouverte la porte de la cabine.

« Nous allons à la Madonna dell'orto, avait-il dit à mi-voix à Zéfirino ; par le chemin qui te conviendra ; je ne suis attendu qu'à minuit. »

Et il s'était tu, s'abandonnant à son gondolier dont il connaissait l'intelligence et l'affection.

« Ah ! sbires maudits, vous voulez vous emparer de mon jeune maître, marmotta celui-ci, nous verrons bien. »

Comprenant qu'il convenait, avant tout, de dépister les agents Zéfirino manœuvra dans cette intention.

La barque de Nicolo n'avait pas encore débouché du rio du campo San Vidal, que déjà la gondole de Guido passait devant le campo San Samuele.

A la hauteur du palais Foscari seulement, les deux embarcations naviguèrent dans le canal Grande, à cent cinquante mètres l'une de l'autre.

Si la gondole de Guido était plus légère, celle des sbires portait deux rameurs ; cela égalisait les chances de la course.

Par bonheur pour notre héros, les gondoliers de la police n'étaient pas aussi animés que Zéfirino.

Au coin du palais Barbarico, ce dernier quitta le grand canal et entra dans le rio de San-Polo, qu'il parcourut dans toute sa longueur ; enfilant ensuite le rio de Santagostino il serpenta dans une kyrielle de petits canaux au milieu desquels les agents perdirent sa piste.

Le brave gondolier était en nage; il ne ralentit cependant point son allure, et sa gondole continua à glisser silencieusement à travers le dédale des canaux déserts et sombres de la ville.

Après deux heures et demie de cette course à bâtons rompus, il entra par le rio di Zecchini, c'est-à-dire par la lagune, dans le rio della Madonna dell'Orto, qui se trouve à l'extrémité du Cannareggio, entre le sacca della Misericodia et la pointe septentrionale de Venise.

Il y a, dans cet espace, des terrains vagues, des jardins, des chantiers de bois de construction; on y voit peu de monde le jour, on n'y rencontre personne la nuit.

En 1831, les sbires mêmes n'osaient s'y hasarder le soir, car le cannareggio est un quartier populaire, et au moindre trouble la tempête y gronde contre la police.

C'est pour ce motif que Guido et ses amis politiques y avaient choisi le lieu de leurs réunions.

Il était dix heures quand, sur un geste de Guido, Zéfirino arrêta la gondole dans une sorte de bassin, devant un chantier entouré de murs en briques, sur trois côtés, et protégé par une barrière en planches, sur le rio.

Guido ouvrit la porte de la barrière en faisant jouer un pène secret, et s'avança suivi de Zéfirino.

Une maisonnette d'un étage, délabrée et close, s'élevait à quelques pas ; elle paraissait abandonnée.

Guido y pénétra comme il avait pénétré dans le

chantier, battit le briquet, alluma une lampe préparée dans un coin et, se tournant vers Zéfirino :

— Assieds-toi, mon pauvre ami, lui dit-il, en lui montrant une chaise, car tu dois être exténué.

— Oh ! répondit le gondolier en s'essuyant le front avec sa manche, la fatigue, ce n'est rien ; mais c'est le gosier qui est sec.

— Attends, accéda Guido en souriant, il y a là des provisions et je vais en tâter avec toi ; ces brigands de sbires sont arrivés à l'instant où nous allions nous mettre à table.

Il tira d'une armoire, un fiasco de vin, un jambon, du pain, un morceau de parmesan, des verres, des couteaux, posa le tout sur une table et invita Zéfirino à lui faire raison.

Quand le gondolier eut apaisé sa soif, sa faim, il regarda autour de lui avec curiosité.

— Tu te demandes où tu te trouves ? fit Guido devinant sa pensée.

— J'avoue, patron, que je cherche pourquoi vous êtes venu ici de préférence.

— Je suis venu ici, parce que la police ignore que cet endroit isolé est le lieu de réunion des patriotes Vénitiens.

Zéfirino retint une exclamation ; il venait de tout comprendre.

— Maintenant que tu es reposé et lesté, retourne chez nous avec la gondole, va rassurer mon père, va lui apprendre que, grâce à toi, j'ai pu échapper aux sbires, que je suis en sûreté dans une maison amie, va rassurer la signora Selvatico et sa fille ;

mais surtout ne souffle mot de ce refuge. Tu le jures ?

— Je le jure. Pourtant si votre père, si la signorina Arabella voulaient savoir où vous êtes ?

— Tu refuserais de le leur apprendre.

— S'ils avaient besoin de vous faire parvenir quelque grave avis ?

— Tu te chargerais de la commission et tu reviendrais, mais pas avant l'aube et pas après.

— Ah !

— Et pour m'appeler du dehors tu sifflerais trois fois de suite avec tes doigts, comme je t'ai entendu siffler tes camarades sur le port, et tu chantonnerais contre la barrière du chantier trois ou quatre vers de ta barcarolle favorite, ceux-ci par exemple :

Coi pensieri malinconici
No te star a tormentar,
Vien con mi, montemo in gondola,
Andaremo in mezzo al mar.

Tu m'as compris ?

— Oui.

— Va-t-en donc ; et surtout sois prudent.

— Si, ce que je ne crois pas, hésita le gondolier, sur le point d'ouvrir la porte, je n'avais aucune commission à vous faire de la part de votre père ou de celle de la signorina Arabella, devrais-je néanmoins revenir ?

Guido réfléchit un instant, puis répondit :

— Non, car je ne demeurerai pas éloigné de la

maison. Reste auprès de mon père, cela vaudra mieux. Les serviteurs de ta trempe sont rares, et leur poste, dans les heures de crise, est le foyer auquel ils appartiennent.

En prononçant ces mots il lui tendit la main et le poussa doucement dehors.

Zéfirino regagna sa gondole, désireux d'en savoir davantage, mais résigné à se contenter de ce qu'il avait vu ou entendu.

Quand il eut disparu à l'angle du rio della madonna dell'orto, Guido referma la porte du chantier et rentra dans la maisonnette.

Il était onze heures.

— Encore une heure, réfléchit-il. Profitons-en pour préparer la besogne, car les minutes sont précieuses à présent. Tout dépend de la promptitude et de l'énergie avec lesquelles nous opérerons.

Et en attendant ses amis, qui ne devaient se montrer que vers minuit, il tira de la poche de côté de son habit une poignée de papiers et se mit à les classer, à les relire, à les annoter avec un crayon, assis à la table, devant la lampe.

Il y avait dans ces papiers des lettres des comités libéraux des villes insurgées ou à la veille de se soulever, un plan de révolte ouverte à Venise, et un programme politique destiné à donner immédiatement satisfaction aux aspirations libérales des Vénitiens.

Guido s'arrêta au plan de révolte, qu'il modifia sur divers points, soit en ajoutant, soit en retranchant certains détails d'exécution, alluma un cigare et attendit en songeant à tout ce qui emplissait son esprit et son cœur : à l'Italie, à Venise, à l'expulsion des Autrichiens, à son père, à Arabella.

Minuit sonnait quand un faible sifflement, perceptible pour une oreille exercée et attentive, retentit derrière le mur du chantier.

« En voici un ! » dit Guido en se levant.

Effectivement, un conjuré, Dolfin avec qui nous avons fait connaissance, entra peu après dans la maisonnette, en ouvrant successivement les portes comme Guido les avait ouvertes deux heures auparavant.

— Hé bien ? lui demanda fébrilement ce dernier.

— J'ai vu tout le monde ; tout le monde viendra ; je pensais même ne pas être le premier au rendez-vous.

— A cet instant, d'autres sifflements s'élevèrent autour du chantier.

— Tiens, fit, Dolphin, prêtant l'oreille, nous arrivons ensemble.

Guido alla, sur le seuil de la porte, à la rencontre des autres conjurés qui, en l'espace d'un quart d'heure, se présentèrent, d'une façon identique, au nombre de quinze.

C'étaient des hommes de vingt-cinq à quarante ans, sauf quatre barbes grises.

Lorsque l'assemblée se trouva au complet, Guido, par mesure de précaution, envoya Dolfin jeter un coup d'œil au dehors et monta, avec tout le monde, dans la salle du premier étage, laquelle était garnie d'une vingtaine de chaises et d'une table oblongue recouverte d'un tapis.

Deux lampes en cuivre jaune et à becs, telles qu'on s'en sert du nord au sud de l'Italie, furent allumées.

— Nous sommes seuls, annonça Dolfin revenant de son inspection.

— Dans ce cas, à l'ouvrage !

Chacun prit une chaise et se plaça, selon son habitude.

Guido s'assit au milieu, au poste de président.

— Mes amis, commença-t-il en posant devant lui les papiers qu'il avait classés et annotés, les événements ont marché depuis notre dernière réunion ; c'est pourquoi j'ai cru utile de vous rassembler cette nuit. Vous savez ce qui s'est passé sur la rive des esclavons ; cette scène imprévue, jointe aux nouvelles apportées de l'Emilie, a surexcité notre population et l'a amenée au point où nous la désirons pour agir. Je suis d'avis de profiter, sans retard, de ces bonnes dispositions.

— Je partage ton sentiment si les renseignements de la terre ferme sont réellement de telle nature que le succès de nos frères ne soit pas douteux, répliqua un des conjurés.

— Moi aussi, dit un autre, car il ne faudrait pas risquer de tout perdre en devançant imprudemment l'heure de la lutte.

— Non. — C'est évident. — Sans doute, — appuyèrent quelques voix.

— Il ne faut rien précipiter, mais il ne faut pas

non plus partir trop tard. Or, les lettres que j'ai reçues ce matin des comités libéraux de Rovigo, de Padoue, de Lombardie, et que je vous prie de lire, nous pressent d'entrer résolument dans la voie des faits. L'Italie a les yeux fixés sur Venise : si notre cité se lève, la cause des Allemands est perdue et celle de l'indépendance triomphe. Bologne et la plupart des villes de l'Etat de l'Eglise sont en armes et libres ; Modène a chassé son duc ; Ferrare et Parme doivent être en possession d'elles-mêmes ; Milan est prête à secouer le joug ; ne demeurons pas immobiles au milieu de cette effervescence patriotique, et secondons, comme il convient, ceux qui ont eu l'audace heureuse de crier les premiers : aux armes !

— Peut-être, objecta une des barbes grises, vaudrait-il mieux attendre que le mouvement ait réussi autour de nous, par ces motifs que notre ville est occupée militairement et que la prudence nous commande de ne pas attirer sur elle la colère des Autrichiens, lorsque nous ne sommes pas sûrs de pouvoir empêcher les effets de cette colère.

— Je ne crois pas qu'il soit digne de Venise, quand tout se meut et s'insurge en Italie, *d'attendre les événements*, répliqua Guido. La liberté se conquiert ; qui ne veut rien lui sacrifier ne la mérite pas. A l'heure où le sol italien brûle les pieds des Autrichiens, où, de toutes parts, la haine de l'étranger éclate et s'affirme, laisser en paix, au milieu de nous, les hordes allemandes, ce ne serait pas seulement une lâcheté, ce serait une trahison.

— Il a raison, approuvèrent avec conviction une partie des conjurés.

— J'en conviens, reprit une autre barbe grise ; toutefois j'estime que nous devons opérer avec d'autant plus de sagesse et de méthode que la Vénétie est la pierre angulaire de la libération de la péninsule. Puisque l'Italie se lève, Venise doit se lever ; reste à savoir comment.

— C'est affaire à décider entre nous, observa Guido. Nous possédons tous de l'influence, des amis, des clients dans nos quartiers respectifs ; depuis longtemps nous avons préparé le terrain autour de nous ; il suffira d'un dernier effort pour mettre le feu aux poudres. Strigelli, Avesani, Gaëtano sont tout-puissants à San-Marco ; Farina, Raelli, Benvenuti bouleverseront le Cannareggio où ils occupent quantité de barcaroli, de matelots, d'ouvriers ; Guerrieri, Lodovico, Locatelli sont maîtres à Santa Croce ; Nazari et Pasini ont en main San-Polo ; Lampertico, Andreola disposent de Dorsoduro ; Dolfin, Mocenigo et moi, nous nous chargeons du quartier de Castello et de l'arsenal.

— Le moyen de procéder ?

— Pour le détail, il est forcément laissé au choix de chacun, dans son district ; pour l'ensemble, l'accord est indispensable. Voici le plan que je propose : dès que la ville sera sur pied, nous répandrons le bruit, fondé, du reste, de la dispersion des forces allemandes sur les lignes du Pô, du Mincio, de l'Adda et du Tessin, du soulèvement de la Polésine et de la Lombardie, du succès général des patriotes, et nous appellerons autour de nous tous ceux qui voudront nous suivre, en prenant pour devise : *San-Marco* et *mort aux Allemands !*

— Si la police et la troupe accourent et font usage de leurs armes ?...

— Le mouvement se produisant partout au même instant, la police et la troupe, au cas où l'autorité les éparpillerait dans les six quartiers de la ville, ne seraient nulle part assez fortes pour étouffer une émeute habilement et énergiquement conduite. Si elles tiraient sur le peuple, il faudrait barricader les ponts, les rues, monter sur les toits et faire pleuvoir sur elles des tuiles et tous les projectiles qu'on aurait sous la main. Ainsi assaillis dans nos ruelles étroites, les sbires et les croates battraient en retraite.

— Alors ?...

— Alors chaque quartier s'unirait au quartier voisin et l'insurrection s'avancerait vers notre forum, chassant les Allemands devant elle. Une fois à San-Marco, la partie est gagnée.

— J'ai une objection à présenter, dit un conjuré, celle-ci : A la suite du tumulte dans lequel tu as été mêlé et des renseignements arrivés de la terre ferme, le général-gouverneur a pris des précautions militaires susceptibles d'entraver l'éxécution de ton plan : la garnison est consignée et a reçu des provisions, des munitions ; la Piazzetta, le môle sont occupés par l'artillerie ; trois canonnières appelées de Malamocco et de Chioggia sont en batterie dans le port en face de la rive des Esclavons ; l'arsenal est confié, depuis la nuit, à deux cents croates.

— Mon cher Andreola, nous aurions trop de bonheur si le chemin que nous nous proposons de parcourir était ouvert, uni, tapissé de fleurs ; par contre, nous aurions peu de gloire. Il y aura lutte, nous devons nous y attendre, pour ma part je désire la bataille, mais il y aura victoire ; je n'en veux pour garant que la haine qui nous anime contre les Allemands.

Un murmure d'approbation salua ces paroles.

— L'important c'est de s'emparer de l'arsenal ; nous nous en emparerons à l'aide des *arsenalotti* qui sont pour nous, et que je crois assez nombreux et assez résolus pour neutraliser les Croates, les expulser et peut-être les désarmer. Là, le terrain est prêt, plus prêt que partout ailleurs ; Dolfin, Mocenigo et moi l'avons travaillé : les employés, les ouvriers n'attendent que notre signal.

— Combien avons-nous de fusils ?

— Trois cents, avec vingt mille charges de poudre, dispersés dans trente endroits de la ville, et que, les uns et les autres, nous distribuerons aux hommes sur qui nous comptons le plus. C'est suffisant pour ouvrir le feu. Quand la troupe entendra la mousqueterie, elle croira la population armée et elle se repliera dans les îles, pour peu qu'on la presse vivement. Lorsque nous serons maitres de l'arsenal, nous aurons trente mille fusils et vingt canons à notre disposition, de quoi débarrasser la lagune des quatre mille soudards qui la souillent par leur présence.

— Si votre tentative sur l'arsenal échouait? insista la première barbe grise.

— C'est peu probable car nous avons, de ce côté, des garanties de réussite ; pourtant, comme il faut tout prévoir, en cas d'échec à l'arsenal, nous nous rabattrions sur les casernes mal gardées della Vigna et della Célestia qui sont proches, et où le précédent gouverneur a fait déposer des caisses d'armes dont le gouverneur actuel ne soupçonne pas l'existence, ou qu'il a oubliées. Je tiens ce renseignement de bonne source. Les armes ne nous manqueront pas si nous osons les prendre.

— Le succès dépend beaucoup, tu l'as fait observer, de la simultanéité de l'attaque ; il est donc nécessaire que nous soyons tous, en même temps, au combat et que nous opérions de concert. Quel sera le signal de l'action ?

— Oui ? demandèrent dix voix.

— Le signal de courir sus aux allemands, c'est le ciel qui le donnera. Dès que le jour sera levé, mettez-vous sans hésiter à l'œuvre. A ce moment, je l'espère, j'aurai pris possession de l'arsenal et armé les *arsenalotti*. Notre bon droit, notre courage, le patriotisme des Vénitiens feront le reste.

— Ainsi, c'est définitivement convenu : le com mencement de la lutte dès que le jour sera levé?

— S'il n'y a point d'opposition.

— Non, non, fit unanimement l'assemblée.

— Et les efforts communs, vers San-Marco?...

— Vers San-Marco ; c'est là le cœur de Venise. Avant de terminer permettez-moi de vous soumettre la proclamation que j'ai rédigée d'après vos idées, vos indications, et qui devra être affichée par la ville dès que la garnison autrichienne sera refoulée dans les îles. Santini, l'imprimeur de la Merceria, s'est mis à ma disposition pour ce travail précipité, dont vous comprenez l'importance.

Le silence s'établit.

Guido prit une des feuilles de papier qu'il avait, à l'ouverture de la séance, tirées de sa poche et posées devant lui, et y lut à haute voix ce qui suit :

« Vénitiens ! l'Europe libérale a les yeux sur nous ; elle va décider si notre long silence était un effet de notre foi dans l'heure solennelle qui vient de sonner à Bologne, à Modène et dans toute l'Italie centrale, ou de notre pusillanimité. Le Lombard-Vénitien attend le signal. L'avenir de l'Italie est dans nos mains. Un jour de courage peut donner un siècle de liberté ! Debout ! Nous proclamons que nous voulons être Italiens et que nous nous sentons mûrs pour les institutions libérales. Nous demandons, nous offrons à tous la paix et la fraternité ; mais nous ne redoutons pas la guerre. Notre programme est de ceux qui s'affichent hautement ; le voici en peu de mots : « Abolition immédiate de l'ancienne police et réorganisation de la magistrature municipale. — Abolition immédiate des lois de sang qui nous oppriment depuis seize ans et libération des détenus politiques. — Un gouvernement provisoire de la Vénétie. — Liberté de la presse et liberté de réunion. — Convocation des contribuables de toutes les classes, afin qu'ils élisent une représentation nationale. — Une garde civique. — L'évacuation du territoire vénitien par les troupes allemandes. »

Guido s'arrêta après cette lecture, et attendit les observations de ses compagnons.

— Quant à la junte révolutionnaire qui dirigera la situation et en assumera la responsabilité jusqu'à l'élection régulière de la municipalité et du gouvernement provisoire, ajouta-t-il, il va de soi que nous en ferons tous partie. Personnellement, c'est un honneur que je revendique.

Les conjurés acquiescèrent.

— Ainsi, vous adhérez au programme que je viens de vous lire?

— Nous y adhérons.

— Puisque nous sommes d'accord sur tous les points, puisque cette réunion secrète est la dernière, reprit Guido d'un ton plus posé; puisque nous devons nous retrouver dans peu, les armes à la main, pour la défense de notre indépendance, de nos libertés, de nos vies, jurons que nous resterons unis, quelle que soit l'issue de la lutte, que nous serons fidèles à la cause de la patrie, que nous n'aurons ni hésitation, ni défaillance dans notre tâche, que nous préférerions la mort au parjure.

— Nous le jurons! s'écrièrent les conjurés, en se levant d'un même élan et en étendant la main au-dessus de la table.

Guido ramassa ses papiers et les remit en liasse.

— Maintenant, termina-t-il, séparons-nous. Nous avons besoin de repos, car le jour qui va luire sera un jour de labeur. Dolfin, Mocenigo et moi, nous nous réunirons entre six et sept heures, à San-Martino, chez un de nos amis, contre-maître des arsenalotti, qui nous introduira dans l'arsenal ; de votre côté, entendez-vous pour vous retrouver, également à l'aube, dans les centres où vous devez agir.

Cette entente fut l'affaire d'une minute, après quoi les conjurés se quittèrent en s'adressant de mutuelles exhortations.

IV

ZEFIRINO

Resté seul, Guido relut quelques-unes de ses lettres, tout en fumant un cigare, réfléchit sur diverses communications de Padoue, de Rovigo, de Ferrare, replaça la liasse de papiers dans la poche de son habit, éteignit les lampes, sauf un bec d'une d'elles, s'enveloppa dans son manteau et s'étendit sur deux chaises pour dormir.

« J'ai trois heures à moi, dit-il ; profitons-en. Quelle joie ! Venise sera bientôt libre, comme les cités hardies de l'Émilie. Les Allemands fuiront devant notre peuple frémissant ; l'Italie sera maîtresse de ses destinées... C'est un rêve !... Pauvre père, avec quel bonheur il saluera notre triomphe. Arabella... Plus de police, plus de sbires à dre ; la paix, la tranquillité, la patrie rendue à elle-même, délivrée! Plus de Croates, plus de *poliziotti* étrangers à San-Marco, plus de mesures vexatoires insupportables, de lois sanguinaires. d'emprisonnement de libéraux, d'impôts écrasants, de servitude... On peut être fier d'avoir contribué, pour une grosse part, à renverser tout cela. Mon père et Arabella me pardonneront les tourments que je leur ai causés en face de l'œuvre accomplie... Deux heures, compta-t-il, en entendant une cloche dans le lointain; encore un peu de patience, et le ciel nous aide!... »

Ses yeux se fermèrent, son cigare lui échappa des doigts, et il s'endormit.

Tandis qu'il voit en rêve, à travers le prisme de son imagination enthousiaste, la réalisation de ce qu'il désire, retournons auprès de Zéfirino que nous avons laissé, à onze heures du soir, au moment où il s'éloignait de la maisonnette de la madonna dell'Orto pour aller porter des nouvelles de son jeune maître au vieil Aldini, à la signorina Arabella et à la signora Candida.

« C'est là, marmottait-il en ramant, que se réunissent les patriotes vénitiens! L'endroit est bien choisi. Jamais, au grand jamais, je n'aurais eu l'idée de chercher dans ce vilain quartier désert les braves gens qui travaillent à nous délivrer des Allemands. Ah! ces *tedeschi!* surtout les *poliziotti*! Si je pouvais, dans ces parages écartés, tenir un des brigands qui nous ont poursuivis : par exemple le brigadier Nicolo, l'*infâme*, comme on l'appelle. Ce scélérat est Vénitien, pourtant l'autorité allemande n'a pas d'agent plus acharné contre tout ce qui est italien. Patience, la révolution gagnera aussi la lagune ; alors... Comment vais-je m'y prendre avec le patron ?... Il voudra connaître la retraite de son fils... Et la signorina Arabella ?... »

Au bout de vingt minutes il passa sous le pont du Rialto qui était gardé, à chaque extrémité, par un détachement de grenadiers, et onze heures et demie sonnaient lorsqu'il arriva, par le rio dei barcaroli, au campo San-Moïse où s'élevait le palais Aldini, campo situé à peu de distance de la place Saint-Marc.

« C'est toi? dit une domestique à cheveux blancs qui veillait au rez-de-chaussée et lui ouvrit la porte ; le signore Aldini t'attend chez la signora Selvatico ; il m'a recommandé de te renvoyer dès que tu serais de retour ; va de suite lui parler. »

Zéfirino repartit immédiatement, à pied, pour le campo San-Stefano.

Des pas qu'il entendit derrière ses talons lui firent tourner la tête ; mais la nuit était sombre, les lanternes rares, il ne vit rien.

A l'instant où il posa la main sur la sonnette de la maison Selvatico, des ombres passèrent dans un coin du campo.

Nina le guettait ; elle tira les verrous, referma soigneusement la porte dès qu'il fut entré, prit une lampe, en lui disant : « viens ; ton patron et ma maîtresse sont dans l'anxiété », et monta l'escalier devant lui.

— Voilà Zéfirino, madame, annonça-t-elle comme si elle eût apporté la bonne nouvelle, et en poussant la porte du salon.

— Enfin! exclamèrent à la fois le vieillard, Arabella et la signora Candida, en se levant.

Certain que son fils le renseignerait promptement, le père Aldini était allé plusieurs fois à son palais, dans la soirée, puis, sur la prière d'Arabella, avait poussé jusqu'aux portiques de Saint-Marc, jusqu'aux cafés des *Quadri* et des *Specchi*; mais nulle part on ne lui avait parlé de Guido autrement que pour lui demander banalement comment il se portait.

C'était un motif d'espérer; car, « si l'on ne s'entretenait pas, à San-Marco, où tout se savait, de l'arrestation de Guido, c'est que Guido n'avait pu être appréhendé. »

Incapable de rester seul, en l'état d'inquiétude où il se trouvait, et la signorina Arabella, le suppliant de ne pas l'abandonner à ses craintes, à ses angoisses, il était revenu au palais Selvatico, après avoir donné ordre à sa femme de charge de lui envoyer Zéfirino dès qu'il rentrerait.

Impatient de recueillir des renseignements, il se disposait à retourner encore à Saint-Marc, lorsque le gondolier arriva.

— Hé bien, Guido? lui cria-t-il sans lui laisser le temps de souffler.

— Il est en sûreté.

— Dieu soit loué! soupira Arabella en pleurant de joie.

— A notre casino du Lido?

— Non, l'endroit n'offrait pas assez de sécurité.

— Où est-il donc? demanda la signora Candida.

— Oui, où est-il? répéta Aldini.

— J'ai promis de ne pas le révéler, répondit le gondolier en baissant la tête.

— Comment!

— Pas même à nous? fit Arabella étonnée.

— Pas même à vous.

— Ah!

— Au moins, reprit Arabella, vous nous jurez qu'il a échappé aux agents de la police?

— Ah! ça oui, je le jure.

Cette déclaration, empreinte d'une sincérité évidente, rasséréna Aldini et les dames Selvatico.

— Ça n'a pas été sans peine, mes bras en savent quelque chose. Les sbires nous serraient de près; par bonheur, j'ai appris à manœuvrer une gondole dans les canaux de Venise. Après une heure de course acharnée, les chiens, tirant la langue, ont perdu notre piste.

— Brave Zéfirino! dit le vieillard en tendant ses mains au gondolier.

— Le signorino m'a ordonné de prendre vos ordres, au cas où vous auriez à lui faire savoir quelque chose; alors je devrais être de retour auprès de lui à l'aube, pas plus tard et pas avant.

— Pourquoi ce temps si étroitement limité?

— Je l'ignore.

— C'est étrange!

— Et... insista Arabella, vous ne voulez pas nous

indiquer sa retraite, vous ne voulez pas nous confier le motif pour lequel vous ne pouvez aller le retrouver qu'à l'aube?

— Vous indiquer sa retraite, je ne le puis, signorina, car j'ai juré de me taire sur ce point; quant au motif pour lequel je ne dois le revoir, au besoin, qu'à l'aube : c'est probablement qu'il tiendra conseil, cette nuit, avec ses amis politiques.

— Assurément ! s'écria Aldini en se frappant le front.

— Il achève de se perdre ! trembla Arabella.

— Écoute, mon garçon, continua le vieillard d'une voix mal assurée : tu es attaché à mon fils, mon fils a confiance en toi, je connais ton honnêteté, ton dévouement, et depuis longtemps, à la maison, je te considère comme appartenant à la famille ; aide-nous à sauver Guido, à le défendre contre lui-même.

— Disposez de moi, patron, répliqua Zéfirino ému et fier à la fois des paroles de son maître ; je suis prêt à risquer ma vie pour vous servir.

— Merci. Il ne suffit point que Guido ait échappé ce soir aux limiers de la police : demain on retrouverait sa trace. Pour qu'il ne tombe pas au pouvoir de l'autorité autrichienne qui, dans les circonstances présentes, le tuerait, il est urgent qu'il quitte Venise et la lagune.

— Oui, oui, approuvèrent délibérément Arabella et sa mère.

— Voici, en conséquence ce qu'il convient de faire. Au milieu de la nuit, tu monteras sur ta gondole et tu iras porter à mon fils un vêtement complet de matelot que nous réunirons facilement, je suppose, parmi tes effets et d'autres à la maison?

Zéfirino opina de la tête.

— Lorsque Guido aura mis ce vêtement, sera travesti, tu le conduiras, le plus tôt et le plus vite possible, à Dorsoduro, *fondamenta della Zattere*, chez mon ami Battista, dont le brigantin doit partir à la marée pour Rimini. J'aurai prévenu Battista par un mot, que la signora Candida voudra bien envoyer à la pointe du jour par une personne sûre.

— Nina elle-même le portera, dit la signora Candida.

— Guido embarquera sur le brigantin, comme faisant partie de l'équipage, et demain il respirera librement au large, dans l'Adriatique. De Rimini il gagnera Marseille où nous le rejoindrons s'il ne peut revenir. Qu'en pensez-vous, signora Candida, et vous Arabella?

— Je pense qu'il faut à tout prix le sauver, répondit cette dernière.

— Vous approuvez alors mon projet, qui me paraît le plus simple et le plus réalisable?

— Nous l'approuvons!

— Dans ce cas, je m'y tiens. Je vais vous laisser un billet pour Battista.

— Pardon!... fit la signora Candida, s'empressant de préparer au vieillard, sur un bureau, du papier, une plume, de l'encre, et en allant ensuite chercher Nina pour lui donner ses instructions.

— Zéfirino, pria pendant ce temps Arabella

à l'oreille du gondolier, puisque vous reverrez le signore Guido dans quelques heures, dites-lui que je le supplie de fuir, de ne pas compromettre sa liberté, sa vie, dans des tentatives qui n'aboutiraient pas, le gouvernement étant sur ses gardes. Dites-lui que s'il a de l'affection pour moi, s'il aime son père, il fasse ce qu'on le conjure de faire. Dites-lui que mon bonheur est lié au sien, et que s'il veut vraiment que je sois heureuse, il lui est interdit de travailler plus longtemps à sa perte.

— Signorina, je lui rapporterai fidèlement vos paroles.

— Et... poursuivit Arabella avec hésitation, en tirant de sa poche un petit écrin, vous lui remettrez ceci... mon portrait ; il le recevra sans doute volontiers s'il consent à partir.

Les larmes la suffoquèrent ; elle détourna la tête et pleura.

Zéfirino prit l'écrin, céda lui aussi à l'émotion, et s'essuya furtivement le coin de l'œil.

— Voici, interrompit Aldini, en tendant à la signora Candida la lettre qu'il venait d'écrire.

La signora serra la lettre.

— Maintenant, allons à la maison préparer ce qui est nécessaire.

— Voulez-vous que j'amène la gondole ? proposa Zéfirino.

— Inutile ; j'irai à pied. Et prenant son manteau et son chapeau des mains de Nina : Adieu, mon enfant, ajouta-t-il en embrassant Arabella, du courage !

Arabella balbutia un « au revoir », Aldini pressa la main à la signora Candida et se dirigea vers l'escalier.

— Quelle heure sonne? demanda-t-il, en écoutant tinter la cloche du campanile de Saint-Marc.

— Minuit et un quart, dit Nina.

Cinq minutes après, il rentrait chez lui en compagnie du gondolier dont les yeux attentifs découvraient, dans un coin, des sbires en observation.

« Est-ce pour nous que ces oiseaux de proie sont là ? » grogna Zéfirino en refermant la porte du palais.

V

LE GUET-APENS

C'était, en effet, pour la famille Aldini.

Nicolo aurait démenti sa réputation de policier retors si, sur un premier échec, il eut abandonné au hasard une poursuite commencée avec tant d'âpreté.

Or, il tenait à sa réputation ; d'autre part, il n'oubliait les injures que quand elles étaient payées, et Guido n'avait encore rien reçu pour les siennes.

Quand il eut perdu le jeune homme dans les canaux du quartier San-Polo, grâce à l'énergie, à l'habileté de Zéfirino autant qu'à la lourdeur de sa barque, au peu d'enthousiasme de ses rameurs, il se fit ce raisonnement :

« Le gondolier conduit son maître dans un asile uelconque ; dès qu'il l'aura mis en sûreté, il reviendra rendre compte de ses gestes au vieux et sans doute aussi à la signorina Selvatico ; alors il s'établira un va-et-vient entre le signore Guido, son père et sa fiancée. En plaçant des vedettes autour du palais Selvatico et en faisant filer le gondolier, je suis certain de découvrir la retraite de l'arrogant *patriote*, qu'on suppose, à la direction de la police, en rapport avec les comités révolutionnaires de Bologne, de Modène, de Ferrare, de Rovigo, de Padoue, et que le gouverneur verrait sans regret sous clef. »

Et, sans s'acharner à une chasse infructueuse, il retourna à la direction de la police pour y requérir huit agents éprouvés et deux gondoles légères qu'il partagea entre le campo San-Moïse et le campo San-Stefano.

Cela fait il se cacha dans l'intérieur de la gondole placée près du palais Aldini, persuadé que Zéfirino se montrerait d'abord de ce côté.

« Je savais bien que je ne tarderais pas à revoir ce fidèle serviteur, dit-il dans un élan de satisfaction, quand, à onze heures et demie, le gondolier s'arrêta au pied du palais. Allons, le maître n'est pas aussi loin que je le craignais. »

Il se disposait à donner des instructions à ses hommes, lorsque Zéfirino ressortit.

« Déjà ! fit-il ; c'est que le père est encore chez la signora Selvatico. » Et, sautant sur le campo, il suivit, à pas de loup, le gondolier, en appelant derrière lui ses acolytes.

Les deux gondoles furent amenées dans le canal

Grande, près du palais Cavalli, et les huit policiers se postèrent aux abords de la maison de la signora Selvatico.

« Est-ce que le père serait assez imprudent pour aller consoler son fils dans sa cachette? » s'étonna Nicolo en voyant, au bout de quelques minutes, le vieillard à côté du gondolier, au milieu du campo San-Stefano.

« Ils rentrent !... maugréa-t-il, lorsque la porte du palais Aldini se ferma derrière eux ; n'importe, attendons. »

Les huit agents se blottirent dans les gondoles amenées au Campo San-Moïse, et observèrent le palais.

Tout y était silencieux.

Aucune lumière ne brillait aux fenêtres.

Pour Nicolo, ce n'était pas une raison d'abandonner le guet.

« Patience ! » menaça-t-il en s'asseyant, enveloppé dans son manteau, au fond de la gondole la plus rapprochée, après avoir mis en faction deux sbires que leurs camarades devaient relever à trois heures.

La nuit était presque finie quand un des agents éveilla Nicolo.

— Qu'y a-t-il ? demanda ce dernier en écarquillant les yeux.

— On est levé dans le palais ; voyez cette lumière au rez-de-chaussée.

— Ha ! Ha !

— Qu'ordonnez-vous ?

— Qu'on se dissimule, qu'on ne fasse pas de bruit, et qu'on se dispose à suivre, soit à pied, soit en gondole, ceux qui sortiront de là.

— Bien.

— Quelle heure est-il ?

— Cinq heures.

— Le soleil se levant à sept heures il nous reste deux heures de nuit.

— Oui, car le temps est couvert.

— Chut ! fit Nicolo attentif.

La porte du palais donnant sur le rio s'ouvrit et Zéfirino, un paquet sous le bras, monta dans sa gondole.

Le vieil Aldini lui frappa sur l'épaule du haut de la première marche de l'escalier de pierre, comme pour lui dire : « Le ciel te soit en aide ! »

Zéfirino, qui s'était refait par un somme et un souper copieux, déposa son paquet dans la cabine, s'empara de sa rame, et partit par le rio des barcaroli, dans la direction du Rialto, sans prendre garde aux deux gondoles, désertes en apparence, amarrées devant le campo San-Moïse, par la raison que ordinairement, les gondoles, à Venise, stationnent dans les canaux la nuit aussi bien que le jour.

« Cette fois, pensa Nicolo avec conviction, je crois que la chasse sera bonne. »

Appelés par un signe, les sbires entrèrent piano piano dans les gondoles, et les rameurs suivirent la trace de Zéfirino.

Les instructions de Nicolo se résumaient à ceci : ne pas perdre de vue le gondolier, mais ne pas l'effrayer non plus, afin d'éviter de l'éloigner de sa route ; le laisser entrer partout, et cerner le palais, la maison où il pénétrerait ; s'appliquer à capturer le fils Aldini, à le capturer vivant ; ainsi le voulait le gouvernement.

Les agents ne devaient faire usage de leurs armes que pour se défendre au cas où ils seraient attaqués.

Pour le reste, Nicolo comptait sur l'intelligence pratique de ses hommes, dont le directeur de la police avait stimulé le zèle en leur promettant de l'avancement et une gratification s'ils réussissaient, s'ils secondaient leur brigadier.

Zéfirino enfila le rio de San-Lucca et déboucha dans le canal Grande au coin du palais Grimani.

Là, au lieu d'obliquer à droite et de poursuivre son chemin vers le Rialto, il gagna le rio di cà Tiepolo, et alla ressortir, dans le grand canal, au-dessus du coude du Rialto, près du palais Corner, tout cela sans trop se hâter, car il avait le temps, ce qui permit à Nicolo de le suivre facilement.

« Je gage qu'il se flatte d'avoir dérouté la police, sourit le brigadier ; pauvre garçon, il en faudrait d'autres que lui. Et cet excellent père Aldini qui nous indique avec empressement le refuge de son fils, que nous aurions eu sans doute de la peine à découvrir...

« Il est vrai que si les bourgeois étaient aussi fins que nous, notre métier serait impossible...

« Le bonhomme n'a pas compris cette chose simple, naturelle : que la police surveillerait ses mouvements et les pas des gens de sa maison pour parvenir jusqu'à son fils... Ah! chuchota-t-il en voyant le gondolier s'engager dans le rio di san Felice, il paraît que nous allons au Cannareggio. C'est de ce côté, en effet, que doivent se réunir les libéraux. Hé! hé! si je pinçais, du même coup, l'agitateur Guido et le comité révolutionnaire de Venise, j'aurais gagné un terne au loto. Voyons, il s'agit d'être attentif; la partie est peut être grosse. »

Il se glissa hors de la cabine et se coucha sur le ventre, à l'avant de la gondole, la tête dissimulée derrière le bec de celle-ci.

Le temps, si beau la veille, se troublait, le ciel était noir, la nuit obscure, le froid vif.

Zéfirino ramait sans s'apercevoir qu'on le talonnait, tellement les sbires mettaient de prudence à le filer; il n'oubliait pourtant aucune des précautions qu'il s'était promis de prendre ou que le vieil Aldini lui avait recommandées; mais le diable aidait les *poliziotti*.

Au lieu d'avancer jusqu'au sacca della Misericordia, bassin qui s'ouvre sur la Marine et où aboutit le rio della Madonna dell'orto, il fit plusieurs zigzags, parcourut trois ou quatre canaux, et ne vint aborder près du chantier où il avait laissé son jeune maître que quand il se crut à l'abri de tout espionnage.

Six heures sonnaient.

« Le jour va poindre, dit-il, en rangeant sa rame; je puis donner le signal convenu. »

Les sbires, arrêtés à l'angle d'un petit canal voisin, le guettaient comme le chat guette la souris.

Il sauta à terre, tenant le paquet qu'il avait déposé, en partant, dans la gondole, siffla trois fois, en se servant pour cela, de ses doigts, et fredonna la première strophe de la barcarole populaire ;

Coi pensieri malinconici....

« Allons donc, approuva le brigadier, je savais bien qu'il nous conduisait à l'hermitage de *l'angiolino.* »

Zéfirino attendit une minute, en fouillant des yeux les alentours. Comme tout restait plongé dans le silence et l'ombre, il recommença à siffler et à chantonner.

« Ha ! ha ! reprit Nicolo, les regards attachés sur le chantier et en faisant signe à ses hommes de demeurer immobiles, voilà la porte qui s'ouvre, et le signore Guido, per christo ! qui fait entrer le gondolier. La porte se referme ; ils disparaissent... A merveille, nous les tenons. »

Aussitôt il ordonna à ses hommes de quitter les gondoles que les rameurs conduisirent dans un canal latéral pour les cacher, et il alla, avec son escouade, examiner la place.

Quand il l'eut reconnue, quand il eut constaté qu'on n'en pouvait sortir que par le rio ; que sur trois côtés elle était entourée de murs élevés, il combina ce qu'il devait faire.

« S'ils sont plusieurs dans cette caverne, dit-il, il y aura lutte, et j'aurai besoin de toutes mes forces ; si, comme j'ai lieu de le croire, le signore Guido seul s'y trouve présentement, nous n'avons qu'à y pénétrer, le pistolet au poing. Néanmoins il vaudrait mieux laisser repartir le gondolier qui, après avoir fait sa commission, ira vraisemblablement renseigner son vieux maître et les dames Selvatico. Il est robuste, dévoué, ce barcarolo, il défendrait le signorino, et j'estime qu'il est inutile de lui fournir l'occasion de déployer son héroïsme. D'ailleurs, l'expérience démontre qu'il m'est précieux en liberté. Nous le laisserons tranquille. Lorsqu'il sera loin, nous souhaiterons le bonjour à son patron. »

L'aube commençait à poindre au-delà du Lido, sur l'Adriatique, la bise soufflait, le ciel se couvrait de nuages noirs.

Nicolo partagea son escouade en deux, mit quatre agents à droite du chantier, quatre à gauche, imposa le silence et, blotti, ainsi que ses hommes, derrière des planches, à l'angle du mur, attendit, persuadé que, cette fois, sa faction ne serait pas longue.

Zéfirino rapportait, pendant ce temps, les paroles, les recommandations, les prières de la signorina Arabella et du signore Aldini, et son jeune maître l'écoutait avec émotion.

« Chers êtres, répliqua celui-ci, je n'ignore pas combien ils m'aiment, et je leur rends passionnément leur affection ; mais fuir à présent serait trahir à la fois ceux de mes amis qui ont eu confiance en moi, la cause de Venise et celle de l'Italie. Je ne le ferai point. Ce n'est pas à l'approche du triomphe qu'il est permis de se sauver honteusement. Retourne auprès de mon père, d'Arabella ; annonce-leur que le jour qui va luire verra notre libération, et que j'irai les embrasser dans quelques heures. Surtout qu'ils se rassurent et ouvrent leurs cœurs à la joie : le règne des Allemands est sur le point de finir en Italie. »

Zéfirino n'osa insister ; il s'inclina et s'apprêta à reprendre le chemin du campo San Moïse.

— Au revoir, lui dit Guido d'un ton ferme et d'un air décidé ; au revoir, et que tous, chez nous, aient bon espoir.

— Au revoir, Patron, soupira le gondolier, qui malgré tout, se retirait avec des appréhensions.

Guido l'accompagna pendant quelques pas.

Zéfirino remonta dans sa gondole, jeta un dernier regard au signorino et partit, hasard providentiel, dans une direction opposée à celle où se trouvaient les barques des sbires.

Nicolo le laissa s'éloigner.

Guido rentra dans la maisonnette, y ramassa des papiers, mit son manteau, son chapeau, baisa le portrait d'Arabella, souffla les lampes, sortit, ferma la porte, et s'avança vers la barrière du chantier, tout en murmurant : « Il est six heures, dans vingt minutes je serai à San Martino, chez le contremaître des arsenalotti, en compagnie de Dolfin et de Mocenigo ; à sept heures, tandis que nos amis appelleront aux armes les patriotes de San-Marco, de Castello, de Cannareggio, de Santa-Croce, de San-Polo, de Dorsoduro, que de toutes parts Venise se dressera terrible, nous nous emparerons de l'arsenal. Encore une heure et nos chaines seront brisées, et nous ne courberons plus le dos sous le bâton du despote. Une heure ! Ah ! Venise, comme tu seras belle quand tu seras libre ! »

Nicolo avait fait signe à ses hommes et se disposait à pénétrer avec eux dans le chantier, lorsqu'il aperçut Guido.

« Il est seul ! exclama-t-il, ayant peine à retenir sa joie, et il vient à nous ! C'est plus de chance que je n'osais en souhaiter. »

Un geste énergique maintint à leurs places les agents prêts à se grouper autour de lui.

« Attention ! dit-il vivement à ceux qui étaient à ses côtés, dès qu'il aura quitté le chantier, précipitons-nous sur lui, empêchons-le d'appeler, et portons-le dans une gondole. »

Guido, absorbé par ses pensées, ouvrit et referma la barrière du chantier, sans voir la bande noire qui l'attendait, regarda le ciel, s'enveloppa dans son manteau et partit, tête baissée, pour gagner le pont voisin.

— Halte-là ! lui cria, à l'angle du mur, Nicolo, en lui sautant à la gorge.

— Trahison ! hurla Guido en se débattant.

— Bâillonnez-le ! commanda le brigadier à ses sbires, qui se ruèrent tous les huit sur le jeune homme, le terrassèrent, le bâillonnèrent, lui lièrent bras et jambes, le mirent en un clin d'œil dans l'impossibilité de se faire entendre et de bouger.

Il avait sur lui un stylet et un pistolet, on les lui enleva.

— Les gondoles ! appela Nicolo, une fois cette besogne achevée.

Les rameurs amenèrent les gondoles.

On déposa Guido dans celle du brigadier.

— Où allons-nous ? demanda un sbire qu'un des rameurs interrogeait.

— A la direction générale de la police, répondit Nicolo, en s'asseyant devant son prisonnier.

VI

L'INSURRECTION

L'agitation était déjà grande dans les quartiers les plus éloignés de la place Saint-Marc quand le jour se leva.

Le bruit de l'insurrection de la Lombardie se propageait ; les Allemands, affirmait-on, chassés de Milan, s'étaient enfuis à Peschiera, à Vérone, à Mantoue, qu'ils se disposaient à évacuer.

Toute la péninsule était debout.

Les villes de la Vénétie n'attendaient que le signal de Venise pour imiter l'exemple des cités sœurs.

L'arsenal était au pouvoir du comité libéral, les arsenalotti s'armaient.

Il suffisait d'un rien pour jeter dans la lagune la garnison et les sbires avec elle.

Ces renseignements, erronés pour la plupart, grossissaient comme la boule de neige, au fur et à mesure qu'ils circulaient, et augmentaient partout l'effervescence.

Des bandes de matelots, de barcaroli se formaient sur divers points et parcouraient les quais, les ruelles, les *campi*, brandissant des couteaux, des stylets, des barres de fer et criant : Mort aux Allemands ! Vive l'indépendance ! Vive la liberté ! Vive Venise ! Vive San-Marco ! Dehors l'étranger !

Quelques individus, portant des fusils de chasse, se montraient sur les places et cherchaient à réunir autour d'eux un noyau de combattants, d'autres péroraient au milieu d'ouvriers, d'enfants, de femmes du peuple.

— A San-Marco ! répétaient-ils avec chaleur.

— Des armes ? leur objectait-on.

— Nous en aurons à l'arsenal, qui est au pouvoir des patriotes, et dans les casernes voisines della Vigna et della Celestia.

— A San-Marco ! alors.

— A San-Marco !

— Mort aux Allemands !

— Mort aux Allemands !

Puis la multitude excitée, grisée, bruyante, menaçante, s'acheminait tumultueusement vers le cœur de Venise, ainsi que Guido appelait la place Saint-Marc.

Cela se passait dans les quartiers excentriques dégarnis de troupes et de policiers.

Dans les quartiers du centre les choses avaient une autre tournure.

Les sbires y rendaient difficiles les rassemblements en dispersant brutalement tous ceux qui tentaient de se grouper.

Pour un mot, un geste, un regard équivoque, ils empoignaient les passants et les conduisaient au poste à coups de pied, à coups de poing, à coups de plat de sabre, avec force injures grossières.

La place Saint-Marc, la Piazzetta, le môle étaient couverts de croates, de grenadiers, de canons, le pont du Rialto et ses abords regorgeaient de poliziotti, d'artilleurs ; jamais gouvernement n'avait déployé un pareil attirail à l'intérieur de la vieille cité des Doges.

Le général-gouverneur, homme roide comme une barre de fer en matière d'ordre publique, avait déclaré hautement, pour que cela fût répété, qu'il ne se laisserait pas intimider par les rumeurs révolutionnaires de la terre ferme, et qu'il maintiendrait Venise dans le devoir, dût-il la bombarder, la détruire.

Dans les classes riche et bourgeoise où on le connaissait, on s'effrayait de ses menaces ; mais le vulgaire ne voulait pas croire à tant de vandalisme, et il avançait toujours, aiguillonné par son bon droit, par sa passion de la liberté.

A San-Marco, l'orage grondait sourdement, contenu par la force armée.

Dans le quartier de Castello, c'est-à-dire dans le

quartier de l'arsenal, la population était indécise, parce que là elle manquait de direction.

Pourtant, nulle part elle n'avait plus de désir d'exterminer les Allemands, de haine contre la *bandiera tedesca.*

A l'aube, Dolfin et Mocenigo s'étaient trouvés à San-Martino, chez le contre-maître des arsenalotti, conformément à la résolution adoptée à la fin du conseil tenu à la Madonna dell'Orto ; mais Guido ne venant point les rejoindre, attribuant son manque de parole à des avis désastreux apportés du dehors, ou à des complications imprévues qui imposaient l'ajournement de l'insurrection, ils n'avaient osé agir seuls.

Dans le doute, l'inquiétude où les plongeait l'absence de leur ami, de leur président, l'âme du mouvement, ils avaient cru de leur devoir d'attendre sans rien tenter, sans rien hasarder, tout en s'étonnant de ne pas recevoir au moins un mot par un homme sûr et, soldats abandonnés, ils étaient demeurés à leur poste, l'arme au bras.

Quant aux arsenalotti, personne ne se présentant pour les diriger, ils avaient gagné leurs ateliers où le pouvoir, devenu très-vigilant, les tenait en échec à l'aide de détachements de croates.

Du coté de l'arsenal, le point le plus important, tout était donc manqué, à la stupéfaction des habitants du quartier de Castello au courant des préparatifs, des décisions du comité libéral.

Que signifiait cette inaction à l'instant décisif?

Ils ne se l'expliquaient point.

Guido avait-il tremblé ou trahi ?

Chacun se posait la question et, le plus souvent, y répondait ainsi : « Il a eu peur, c'est pourquoi il a trahi. »

Les hommes savent tellement ce que vaut la nature humaine qu'ils sont plus portés à admettre le mal que le bien.

Cependant des affirmations formelles sur la prise de l'arsenal par les patriotes ayant été répandues dans les quartiers du cannareggio, de Santa-Croce, de San-Polo, de Dorsoduro où l'autorité, débordée, n'avait pas même pu conserver les postes de police, l'émeute se généralisait dans ces parages, et, selon le plan adopté, s'étendait vers San-Marco.

A huit heures du matin, quatre quartiers de Venise étaient en ébullition ; la troupe, resserrée entre le Rialto et San-Marco allait engager la lutte si le cercle qui l'entourait se rétrécissait davantage ; les informations incendiaires se succédaient, l'enthousiame populaire augmentait, l'instant critique approchait.

Huit heures et demie sonnaient à la tour de l'horloge quand une poussée irrésistible, accompagnée de coups de fusil isolés, se produisit dans les masses qui entouraient la place Saint-Marc et que la force armée contenait.

« Viva San-Marco ! Viva la liberta ! Viva l'indipendenza ! Fuori lo straniere ! » crièrent, dans un élan commun et spontané mille et mille voix. »

« Faites évacuer les abords de la place ! » commanda le général-gouverneur qui se promenait sur la Piazzetta, au milieu de son état-major.

« S'ils résistent ? » objecta l'officier supérieur à qui s'adressait ce commandement.

« Sabrez-les », répliqua le général.

Deux minutes après, les croates, les grenadiers croisaient la baïonnette devant les manifestants, et, sur le môle, les artilleurs se rapprochaient de leurs pièces, mèche allumée, prêts à balayer la rive des Esclavons.

Au premier mouvement offensif des régiments, la cohue recula, se bouscula effrayée ; une vingtaine d'individus tombèrent dans les canaux ; des femmes, des enfants poussèrent des hurlements de terreur.

Les croates, les grenadiers s'étant arrêtés à l'entrée des portiques, les plus audacieux des insurgés reprirent courage.

— Ils ont peur ! proclamèrent les uns.

— Ils savent bien que la révolution prévaut partout, dirent les autres.

— Ils ne tireront pas ! certifièrent les optimistes placés au cinquième ou sixième rang.

— Viva San-Marco ! braillèrent les plus ardents en agitant des drapeaux aux couleurs nationales vénitiennes.

— Viva San-Marco ! tonna la fourmillière, humaine, essayant de regagner le terrain perdu et s'avançant de nouveau, pareille à la mer qui monte et que retient la digue, devant les lignes de soldats.

— Chargez cette canaille! sacra le gouverneur qui, depuis une minute, examinait, sous le portique de la cathédrale, ce qui se passait autour de la place.

A peine cet ordre était-il donné qu'un second mouvement en avant fut prononcé par la troupe.

La foule, enhardie, ayant accueilli cette dernière par des bordées de sifflets, des huées, des cris de: vive San-Marco! vive l'Italie! bas les armes! dehors l'étranger! les compagnies les plus violemment apostrophées se ruèrent, la baïonnette baissée, contre ceux qui piétinaient devant elles, et obligèrent le flot populaire à refluer dans les ruelles adjacentes.

Sept malheureux, affreusement transpercés, restèrent sur le carreau, quelques-uns tués sur le coup, les autres se débattant dans les convulsions de l'agonie et perdant leur sang.

— Aux armes! on massacre le peuple! hurlèrent, en se sauvant, les affolés.

— Aux armes! répondirent des *popolani*, des *barcaroli*, courant à tort et à travers dans le dédale de rues étroites qui avoisinent Saint-Marc.

— *Ai coppi! ai coppi!* (aux tuiles! aux tuiles!) crièrent, à leur tour, des centaines d'individus en se précipitant dans les allées des maisons dont la porte était ouverte, et en montant quatre à quatre sur les toits pour lancer des tuiles sur les troupes, genre de guerre qui réussit à Venise, où les rues, bordées de constructions de trois à quatre étages n'ont, parfois, qu'un mètre cinquante de large.

Mais les croates, les grenadiers, énergiquement secondés par les policiers, ne leur laissèrent pas le temps de disposer leurs batteries ; une fusillade nourrie débarrassa les alentours de la place Saint-Marc, et la garnison, avançant dans toutes les directions, ne tarda pas à reprendre possession de la ville entière.

A dix heures du matin, les *campi* du centre étaient gardés par des détachements de croates, les *poliziotti* circulaient, en nombre, dans les quartiers excentriques, les bourgeois, effrayés, se renfermaient chez eux, les plus compromis des membres ou des adhérents du comité libéral s'esquivaient, les plus imprudents des émeutiers étaient arrêtés et conduits, sous bonne escorte, aux prisons criminelles, et le gouverneur pouvait écrire à Vienne : « que la révolution était écrasée, et qu'il répondait de la tranquillité de Venise. »

Ce même jour, Ferrare se soulevait, et Parme se préparait à chasser l'archi-duchesse Marie-Louise.

Il était écrit que la reine de l'Adriatique, la dernière asservie des villes d'Italie, serait aussi la dernière délivrée.

Tandis que ces événements se passaient, le vieil Aldini et Arabella, sachant que Guido avait refusé de fuir et qu'il dirigeait l'insurrection, étaient dans des transes terribles.

Lorsqu'ils apprirent, par la voix publique, que

la tentative des patriotes avait avorté et que l'autorité autrichienne restait maîtresse de la situation, ils eurent, l'un et l'autre, un même cri : « Il est perdu ! »

Cependant, ils ne savaient pas toute la vérité.

VII

SBIRE ET GONDOLIER

Arrivé à la direction de la police, Guido avait été fouillé, puis débarrassé de ses liens.

Son abattement était extrême.

Tomber sous le pied d'un misérable sbire, au moment d'atteindre au but ; voir s'effondrer en une seconde un édifice si laborieusement construit ; perdre, en se heurtant contre un grain de sable, le fruit d'une lutte suprême où tout ce qu'il aimait se trouvait engagé : famille, patrie, liberté ; c'était à devenir fou.

De son côté, Nicolo n'avait eu, au début, qu'une vague idée de l'importance de sa prise ; mais en examinant les papiers de Guido, comprenant la valeur de son coup de filet, il s'était hâté d'instruire son directeur lequel, occupé d'ordres qu'on lui envoyait continuellement, n'avait pas d'abord accordé beaucoup d'attention au prisonnier du brigadier.

Interrogé sur les pièces qu'on venait de lui enlever, Guido s'était borné à déclarer qu'il ne répondrait pas et, ni injures, ni menaces, n'avaient pu le tirer de son mutisme obstiné.

Au bout de dix minutes de tentatives sans résultat, le directeur de la police l'avait envoyé, garrotté, aux prisons criminelles, et s'était rendu avec Nicolo chez le général-gouverneur pour lui donner connaissance de la découverte, si opportunément faite à la madonna dell'Orto.

Après une étude sommaire des papiers saisis, le gouverneur avait pris des précautions militaires supplémentaires, spécialement à l'arsenal, et opéré avec tant d'activité, que le plan du comité libéral aurait vraisemblablement échoué s'il eut été exécuté pleinement par tous les conjurés.

De la prison, qui s'élève derrière le palais ducal et sur la rive des Esclavons, Guido put suivre des oreilles, sinon des yeux, les phases du tumulte plutôt que du combat.

Pendant un instant, lorsque le bruit des manifestations de la foule parvint jusqu'à lui, il espéra.

« La révolution victorieuse dans l'Italie centrale, la fermentation des esprits dans le Lombard-Vénitien, ont dû décourager la garnison, se dit-il ; mes braves amis, nos popolani, nos barcaroli achèveront de la démoraliser. Si Dolfin et Mocenigo s'emparent de l'arsenal et arment les arsenalotti, tout est sauvé ; mais ne croiront-ils pas à une débâcle en ne me voyant point ?...

La fusillade augmenta à la fois ses illusions et ses incertitudes.

Quand le silence se fit autour de la prison, quand il n'entendit plus, sur la rive, sur le môle, sur la Piazzetta, que le bruit des crosses de fusils, les pas lourds des soldats, les commandements impératifs des officiers, il comprit que le mouvement, mal ou mollement mené, avait avorté, et il sentit les larmes l'aveugler, non qu'il eût peur du sort qui l'attendait, mais parce qu'il pensait à son père, à sa fiancée, parce qu'il comprenait qu'une révolution manquée ne servirait qu'à resserrer les chaînes si dures de Venise.

Personnellement, sa situation était des plus graves.

Depuis douze ans, le gouvernement autrichien réprimait, avec une rigueur qui tenait plus de la cruauté que de la justice, les moindres délits politiques.

Les carbonari étaient punis de mort, même lorsque leurs projets restaient à l'état expectant, et avec les carbonari tous ceux qu'on qualifiait de sec-aires, en d'autres termes, tous ceux qui désiraient, our l'Italie, un sort plus honorable, et qui osaient e répéter ou l'écrire clandestinement.

Le code pénal autrichien était, à ce propos, rempli de dispositions draconiennes : il déclarait coupa-ble de haute trahison toute association secrète ou *ublique* qui aurait eu pour programme de modi-er les institutions du pays, et, dans la crainte de omplots contre le trône, il allait jusqu'à défendre s cercles, les réunions les plus inoffensives.

La police ajoutait à la sévérité des prescriptions

gouvernementales par ses agissements vindicatifs e le système d'espionnage, de délation à l'aide duque elle opérait.

C'est la police secrète qui fournissait les prisons de la péninsule et celles du Spielberg ; c'est elle qui donnait de l'ouvrage aux bourreaux.

Lorsqu'on voyait un cadavre à une potence, on pouvait affirmer qu'un mouchard avait la grosse part dans le drame dont parlait ce cadavre.

« Je suis un homme mort, songea Guido ; grâce au ciel, je n'entraîne personne dans ma chute, et s mes amis se sont sauvés ou s'ils parviennent à dé tourner les soupçons des sbires, les papiers qu'on m'a arrachés ne les dénonceront pas. »

Par une mesure de précaution, que l'expérienc justifiait quotidiennement, Guido ne tenait point d liste des membres du comité libéral, et les lettre qu'il recevait des comités d'action de la Vénéti étaient anonymes.

Il reconnaissait l'authenticité des correspondance qu'on lui adressait, à des marques particulières co venues, voilà tout ; cela suffisait.

Aucun acte, aucune délibération du comité ne por tait de signature ; le serment remplaçait le paraph

Guido apportait là une prudence scrupuleuse aussi le brigadier des *poliziotti* ni le geôlier en ch n'avaient-ils trouvé sur lui d'indice compromettant pour quiconque.

C'est ce que constataient le rapport du directe général de la police et celui du geôlier en chef do voici la teneur.

ROYAUME LOMBARD-VÉNITIEN

Au tribunal criminel impérial et royal de Venise.

Rapport d'entrée.

Nos de protocoles		DATE DE L'ENTRÉE NOMS, PRÉNOMS, FAMILLE, SIGNALEMENT.	PAR QUI IL A ÉTÉ INTRODUIT DANS CETTE PRISON ET AUTRES OBSERVATIONS
é- il	comptabilité		
9	123	Le 7 février 1831; Aldini Guido, fils de Pietro Aldini, vivant, et de feu Anna Borsieri; âgé de 28 ans; natif de Venise; profession d'armateur; garçon; taille ordinaire; stature idem; cheveux noirs; front large; sourcils bruns; yeux gris, nez régulier; bouche moyenne moustaches brunes; visage ovale.	Conduit par le commissaire impérial et royal de police Leonardi; arrêté en vertu d'une délégation de la direction générale de la police, dans une maison isolée della Madonna dell'Orto. Fouillé par le geôlier en chef Baldisseri, il a été trouvé sur lui : deux clefs, une montre en or avec chaîne d'or, un crayon, un médaillon, portrait de jeune fille, une bourse contenant : 5 napoléons d'or. . . . . lires 113 75 3 demi-souverains. . . — 60 » 3 napoléons d'argent — 16 92 1 florin . . . . — 3 » 3 zvanziche . . . . . . — 3 » 1 pièce de 15 centim. — » 15 Monnaie de cuivre . . — » 37
Vêtements que portait le prisonnier : Habit bleu foncé, manteau em, gilet de velours noir, ntalon de drap noir, bottes, ıpeau noir.			Total : lires 197 19 Visité par le chirurgien, il a été déclaré sain de corps. *Le geôlier en chef,* **Baldisseri.**

Cette pièce et le rapport de la direction de la police parvinrent en même temps à l'autorité supérieure qui, ayant étouffé l'émeute, ordonna immédiatement des perquisitions dans la maisonnette de la madonna dell'Orto, au palais Aldini, au palais Selvatico et dans les comptoirs et magasins Aldini de la rive des Esclavons et de Malamocco, espérant ramasser là les éléments du procès de la conjuration qui venait d'échouer.

Le vieil Aldini, en proie à une insoutenable inquiétude, envoyait Zéfirino aux informations lorsque la police fit irruption chez lui et lui apprit l'arrestation de Guido.

Le pauvre père tomba accablé sous le poids de cette terrifiante nouvelle, et le commissaire impérial et royal put, à son aise, tout bouleverser dans la maison.

La perquisition dura quatre heures ; elle n'eut point de résultat.

Il en fut de même chez les dames Selvatico, à la maisonnette de la madonna Dell'Orto, à Malamocco et dans les magasins de la rive des Esclavons.

Les cinq commissaires délégués chargés des perquisitions se réunirent vers quatre heures de l'après-midi au tribunal n'ayant, ni les uns ni les autres, la plus petite paperasse intéressante à offrir au juge d'instruction.

La vigilance de Guido n'était pas en défaut, et les secrets du Comité libéral de Venise, enfermés dans son cœur, défiaient les policiers du fond de leur noble cachette.

Au milieu de ces incidents dramatiques, qui s'étaient succédés avec une rapidité vertigineuse, en présence de la douleur de son vieux maître, d'Arabella et de la signora Candida, Zéfirino chercha la cause du fiasco essuyé par Guido.

« Il y a du sbire là-dessous, gronda-t-il, il y a du Nicolo l'*infâme* : s'il est vrai nous causerons tous deux. »

Tourmenté par cette pensée, il sortit, vers le soir, laissant le signore Aldini près d'Arabella, et alla aux informations, en prenant toutefois des précautions, car la police devait l'observer, et la plus légère imprudence pouvait l'exposer à tâter, lui aussi, des prisons criminelles.

Il lui suffit de s'arrêter à San-Marco, d'écouter les conversations au *Café Oriental* de la rive des Esclavons, pour apprendre ce que la moitié de la ville savait depuis plusieurs heures : que Nicolo, avec une escouade d'agents avait filé, durant la nuit, un des serviteurs de la maison Aldini ; que ce serviteur s'était rendu, avant l'aube, à l'extrémité du cannareggio, dans une maison isolée de la madonna dell'Orto, pour faire une commission quelconque à Guido, de la part du vieil Aldini ; qu'on avait arrêté le jeune homme au moment où il sortait de cette maison, reconnue depuis comme étant le lieu de réunion du comité libéral ; que les insurgés manquant de chef, de direction à l'heure décisive, avaient hésité, agi sans vigueur, sans ensemble ; que le général-gouverneur, instruit par les papiers trouvés sur Guido, avait prévenu de graves complications, entre autres l'invasion de l'arsenal et le pillage des dépôts d'armes des casernes della Vigna et della Celestia, et que sans le brigadier des poliziotti, involontairement conduit au refuge de la madonna dell'Orto par le serviteur en question, tout aurait sans doute réussi.

Zéfirino crut rêver en entendant cela.

Quoi, c'était lui qui avait mené les sbires à la retraite de son jeune maître !

Quoi, c'était à cause de lui que l'insurrection avait échoué, que Guido était en prison et sous le coup d'une condamnation capitale, que les patriotes étaient écrasés !

A ces pensées, la douleur le brisa, et il voulut se percer la poitrine avec son couteau ; puis la colère lui monta à la gorge, et, fou de rage d'avoir servi d'instrument contre son patron, il jura les poings crispés : « Je me vengerai ; je vengerai mon maître et les libéraux ; après peu m'importe ce qu'il adviendra de moi !... »

Incapable de tenir en place, il marcha à l'aventure, tout à sa fureur, se demandant où il pourrait rencontrer l'infâme Nicolo pour le tuer, pour le déchirer de ses mains, de ses dents, pour en purger Venise.

A huit heures du soir il s'arrêta, fatigué et altéré, dans une osteria du campo San-Giacomo dall'Orio, sur la lisière du quartier Santa-Croce où il était connu.

Le cabaretier lui servit un *piccolo* de vin, et le questionna sur son maître.

Zéfirino eut peine à retenir ses larmes.

— Il paraît, dit le cabaretier, que quelqu'un de chez vous a mis les sbires sur la piste de Guido?...

— Oui.

— Quel malheur! Et le pauvre père Aldini?...

— Il est accablé.

— C'est un brigadier de la police avec lequel son fils avait eu une altercation la veille qui a manigancé le coup.

— Oui, fit Zéfirino avec un éclair dans les yeux.

— Un coup de fortune pour lui. Le gouverneur lui a donné deux cents florins; de plus il lui a promis de l'avancement.

— Ah!

— La vertu est récompensée. Je le connais ce héros policier; il se nomme Nicolo et vient par ici.

— Il vient par ici?

— Je l'ai vu passer tantôt devant ma porte; il se rendait chez sa *druda* pour y fêter sa magnifique aubaine.

— Il a sa maîtresse aux environs?

— A deux pas, à l'angle du campo dei Tedeschi. Oh! tu penses que c'est une créature de peu. En effet, quelle est la malheureuse assez misérable pour... On la dit allemande. Il est chez elle depuis quatre heures, en train probablement de se moquer des Vénitiens qu'il a fait massacrer. Ah! mon cher Zéfirino, quand verrons-nous la fin de tout cela?

Le gondolier, saisi d'un tremblement nerveux, vida son verre, paya son *piccolo*, dit qu'il était obligé de rentrer au palais, donna une poignée de main au cabaretier et sortit de l'osteria.

« Ah ! il est là, chez sa druda !... » articula-t-il en serrant machinalement son couteau dans sa poche.

Le campo dei Tedeschi est à peu de distance du campo de San-Giacomo dall'Orio ; on le traverse maintenant quand on va à pied, du Rialto à la gare du chemin de fer, par les quartiers San-Polo et Santa-Croce.

Zéfirino eût bientôt trouvé l'angle désigné par le cabaretier.

Il était du reste facile à reconnaître, car la place n'avait qu'une seule maison de rapport, et les constructions des autres angles faisaient partie de palais ou d'instituts religieux.

« Ah ! il est là !... » répéta Zéfirino embrassant la maison du regard.

Le campo, éclairé par un reverbère à chacune de ses extrémités, était aux trois quarts plongé dans l'obscurité ; il y passait peu de monde le jour ; il n'y passait personne le soir, surtout par le temps de troubles qui courait ; le gondolier avait lieu d'espérer qu'il n'y serait pas dérangé.

Il s'étendit par terre, contre une borne, enveloppé dans sa vareuse, à vingt mètres de l'habitation de la gretchen de l'heureux policier, et se dit résolûment :

« Je l'attendrai, dût-il ne sortir que demain matin. »

Il attendit quatre heures.

A minuit, la porte de la maison qu'il observait s'ouvrit, et Nicolo parut.

Il était gai et fredonnait, évidemment en souvenir de son opération de la nuit précédente, la strophe de la chanson que Guido avait donnée pour signal au gondolier :

Coi pensieri malinconici...

Zéfirino se cacha dans un renfoncement et ôta ses souliers pour ne pas faire de bruit en marchant.

Nicolo rajusta son ceinturon, son sabre, jeta son manteau sur ses épaules, et, appelé à San-Marco par les exigences de son service, partit dans la direction du Rialto, comme un homme content de soi et du sort.

Zéfirino ouvrit son couteau-poignard et se mit en marche à son tour.

Nicolo traversa le campo San-Giacomo dall'Orio et s'enfonça dans les ruelles qui couvrent l'espace compris entre cette place et le campo di San-Cassiano, le dernier avant d'arriver au marché du Rialto.

C'est par là que le gondolier se proposait de l'attaquer.

Persuadé que tous les libéraux s'étaient sauvés ou cachés dans des trous de souris, qu'il ne rencontrerait que des patrouilles d'agents ou de croates, le sbire s'avançait d'un pas assuré, sans se douter qu'il était *filé*, et en pensant à mille choses excepté au danger qui le menaçait, lorsqu'au détour d'une rue étroite, près du rio della Pergola, il crut entendre un bruit derrière ses talons, il crut voir une ombre se dresser.

Il chercha la poignée de son sabre et se retourna effrayé, en criant: « Halte-là. »

Mais avant qu'il eut eu le temps de se mettre sur la défensive, Zéfirino bondit sur lui comme un tigre et, d'un seul coup de poignard, porté d'un bras de fer, lui trancha la carotide.

Le sbire écarquilla les yeux, essaya d'appeler au secours et, promptement étouffé par le sang, tomba sur les dalles du quai.

Zéfirino le regarda avec une joie sauvage.

Quand il ne donna plus signe de vie, il le poussa du pied dans le canal et s'éloigna.

VIII

LE TRIBUNAL CRIMINEL

Le mardi, dans la journée, il n'était question, à San-Marco, que de l'assassinat du brigadier Nicolo.

Les officiers allemands discutaient sur ce crime, assis sous les portiques, devant les cafés où ils se réunissaient d'habitude, et tous étaient d'avis que le coup avait été fait par un des membres du comité révolutionnaire.

Les uns et les autres se montraient très-partisans d'une répression implacable; beaucoup déclaraient, en remuant leurs sabres, qu'il fallait exiger des ôtages de la population vénitienne, et pendre ceux-ci au premier attentat contre la troupe ou contre les agents du gouvernement; tous parlaient d'assommer, d'éventrer les bourgeois qui les regarderaient de travers.

Le général-gouverneur, de concert avec l'autorité judiciaire, s'était empressé de décréter des mesures d'une violence exceptionnelle, et les soldats, les policiers avaient reçu ordre de se servir sans hésitation de leurs armes.

Mais les officiers allemands voulaient davantage. Ils réclamaient un exemple éclatant, pour calmer l'ardeur de la « canaille libérale », et le pouvoir allait être forcé de faire cet exemple.

Il ne demandait pas mieux.

Le cadavre du sbire, découvert à peu de distance de l'endroit du meurtre, le matin, à la pointe du jour, par une patrouille en gondole, et porté à l'hôpital civil, avait été examiné par deux médecins officiels.

Du rapport de ces fonctionnaires, il résultait que le brigadier, frappé par derrière, était tombé victime d'un guet-apens, et qu'il s'agissait, en cette circonstance, d'un assassinat.

Où fallait-il rechercher l'assassin ?

Parmi les sectaires, parmi les complices de Guido; le corps des officiers le criait à tous les échos, et la magistrature le répétait avec lui, autant par flatterie que par conviction, car à cette époque, à Venise et dans les autres villes du royaume Lombard-Vénitien, l'autorité militaire était la première autorité et celle dont tout dépendait.

Ces sectaires, ces complices de Guido, ces membres du comité d'action des lagunes, qui étaient-ils ?

On l'ignorait.

Par une fatalité qu'expliquait la complicité tacite

ou de facto de la population de Venise avec les révolutionnaires, les chefs de l'émeute du 7 s'étaient éclipsés comme par enchantement, et aucun espion n'était parvenu à savoir leurs noms.

Les arrestations opérées portaient sur des gens du peuple : ouvriers, barcaroli, matelots, bras inconscients des meneurs, dont on ne tira rien, et qui, n'ayant pas eu de relations avec Guido, ne fournirent aucune indication sur son compte lorsqu'on les confronta avec lui.

Rarement secret de conjuration avait été aussi bien gardé, aussi bien caché.

Par contre, la culpabilité de Guido était établie de la façon la plus lumineuse.

Ce n'étaient pas seulement les rapports de la police, ce n'étaient pas seulement ces correspondances des comités révolutionnaires des villes soulevées, ce plan d'insurrection, ce projet de gouvernement provisoire, cette proclamation aux Vénitiens, tous ces papiers saisis par Nicolo et le directeur général de la police qui accusaient le prisonnier, c'était un billet, signé celui-là, un billet que Zéfirino avait porté le lundi matin, à la Madonna dell'Orto, et dans lequel le vieil Aldini uppliait son fils de laisser ses entreprises politiues, qui n'offraient pas d'espoir de réussite, et e fuir, caché à bord d'un brigantin en partance pour Rimini.

Ce témoignage seul eut suffi.

Dans ces conditions, qu'était-il besoin de longue rocédure ?

Forcément, les choses allaient marcher rapidement, et l'autorité ne devait pas tarder à être en mesure de donner satisfaction aux « légitimes exigences » de la garnison allemande.

Le lundi, dans l'après-midi, lorsque les perquisitions opérées au palais Aldini, chez les dames Selvatico et ailleurs furent terminées, Guido subit un interrogatoire en règle, qui ne dura pas moins de deux heures, et pendant lequel son attitude demeura loyale et courageuse.

« Je suis l'auteur des papiers que vous me montrez, dit-il ; les lettres anonymes qui accompagnent ces papiers m'ont été adressées. Je voudrais la libération de Venise et de l'Italie, et je travaillais à chasser l'étranger. Quant à mes complices, ils s'appellent : *Les Italiens* Je n'ai pas de révélations à faire. J'avoue ma tentative, et j'en revendique toute la responsabilité. »

Le directeur de la police, le juge d'instruction, hommes rompus à leur métier, eurent beau le tourner, le retourner, le prendre de cent manières différentes, lui tendre des piéges, lui ressasser que ses dénégations, son silence n'entraveraient pas l'action de la justice ; que tôt ou tard les auteurs de l'insurrection qui venait d'être réprimée seraient découverts ; qu'ils l'étaient peut-être à l'heure où on l'interrogeait, il persista dans son refus de nommer ses amis politiques, et répondit obstinément « Moi seul ai tout préparé. »

A bout d'arguments, de ruses, d'obsessions, le juge et le chef des policiers terminèrent leur inter rogatoire, et comme l'accusé, loin de nier son œuvre s'en glorifiait et que des preuves évidentes se réunissaient contre lui, ils conclurent à son renvoi immédiat devant le tribunal criminel.

Dans l'espoir d'obtenir, durant les débats du procès, ce que ses agents n'avaient pu arracher au cours de l'interrogatoire, et persuadé qu'en frappant vite et fort il réussirait mieux, le général-gouverneur, en vertu de son pouvoir discrétionnaire, fixa la comparution de Guido devant le Tribunal, au mardi soir, trente-six heures après l'arrestation. C'était aller promptement en besogne.

Le Tribunal criminel se composait des personnages suivants: Le conseiller impérial et royal Wieser, président, le greffier impérial et royal Kirchmayer, les deux juges assesseurs, Agostino Silvestri et Antonio Scordilli.

Pour donner au tableau du personnel judiciaire un petit air national et impartial, l'autorité supérieure ne négligeait pas de placer, à côté d'un nom allemand, un nom Italien ; mais cette ostentation ne trompait personne : on savait que les tribunaux étaient remplis des créatures de l'Autriche, et que, Italiennes ou Allemandes, ces créatures ne valaient pas mieux les unes que les autres.

Un des premiers soins de la tyrannie, dans les pays où elle s'implante, c'est de faire de la magistrature un de ses instruments, son instrument le plus redoutable et aussi le plus détestable.

En 1831, le conseiller président, le greffier, les juges assesseurs du tribunal riminel de Venise, étaient de la même farine, de cette farine gâtée dont parle Dante au 22e chant de son Paradis, à propos du monastère de Monte Cassino, et Guido ne devait trouver chez eux, au lieu d'équité, de modération, qu'une servilité basse envers le pouvoir, et un désir immodéré de mériter les faveurs de celui-ci.

En apprenant que Guido allait comparaitre, au lendemain de son arrestation, devant le tribuna impérial et royal, il n'y eut qu'un cri, à San-Marco parmi les Vénitiens :

« Il est condamné ! »

C'était aussi la conviction des officiers de la gar nison.

La mise en jugement de Guido fut signifiée a vieil Aldini, avec ordre de comparaître, pour donne les explications qui lui seraient demandées ; le dames Selvatico reçurent également une assignation leurs domestiques et ceux de la maison Aldini furen convoqués à leur tour, Zéfirino d'une façon particu lière ; mais on ne put rencontrer le gondolier qu depuis vingt-quatre heures, n'avait pas reparu a palais.

Citer le propriétaire de la maisonnette et du cha tier de la Madonna dell'Orto était impossible, cet maisonnette, ce chantier dépendant de l'administr tion des constructions navales, et étant à peu pr abandonnés.

On n'y entretenait point de gardien, on y travaillait rarement.

Les membres du comité libéral avaient dû être instruits de ces circonstances et prendre possession de la propriété sur les indications de quelque employé de l'arsenal, persuadés qu'on n'irait pas les chercher dans un lieu appartenant au gouvernement.

Les commis des deux comptoirs de la maison Aldini, ceux du comptoir de la rive des Esclavons et ceux du comptoir de Malamocco, devaient se tenir à la disposition de la justice, ainsi que les agents qui, avec Nicolo, avaient arrêté Guido.

Le nombre des témoins cités était relativement considérable; c'est que le tribunal voulait découvrir ce que lui cachait l'accusé.

La douleur du vieil Aldini était de celles devant lesquelles on se découvre et que rien ne peut calmer ni amoindrir; la douleur d'Arabella avait la fougue de la jeunesse.

« Je partagerai sa captivité ou je mourrai avec lui », répétait l'adorable fille.

Et le vieil Aldini l'aimait plus encore d'aimer ainsi son fils.

Quand, à l'approche de l'audience, le digne septuagénaire traversa San-Marco avec elle et la signora Candida pour se rendre au tribunal, il y eut, chez ceux qui le virent passer, un frémissement de pitié et de rage.

C'est qu'il faisait mal à voir, et que son désespoir parlait à tous de l'abaissement de la patrie.

Le tribunal, qu'on appelait « criminel » et qui connaissait des délits politiques qualifiés, siégeait dans un bâtiment contigu aux prisons criminelles ; on y arrivait en gondole par le rio della paglia, qui baigne le palais ducal, ou à pied en passant derrière la basilique de Saint-Marc.

Aldini et les dames Selvatico y arrivèrent à pied.

« Je n'ai point, Dieu merci, à rougir de mon fils, avait dit le vieillard ; le crime dont on l'accuse est à mes yeux un titre de gloire ; je veux le prouver en allant publiquement à son procès. »

Ajoutons qu'il espérait, en se montrant à tous, obtenir un appui moral, des sympathies capables d'adoucir le sort de Guido, de diminuer sa peine de plusieurs degrés ; car pour son acquittement, il n'osait y compter.

Guido était assis sur le banc des accusés où il avait été amené, les menottes aux mains, par six agents armés, lorsque son père et Arabella pénétrèrent dans la salle des témoins.

A l'heure fixée, le procès commença, aux lumières, et sans autres auditeurs qu'une centaine d'officiers, de fonctionnaires, de magistrats allemands, admis dans la salle.

Il allait se dérouler rondement, la justice autrichienne devenant de suite sommaire dans le Lombard-Vénitien quand la révolution grondait en Italie.

Point de défense, point de lenteur : des interrogatoires serrés dont le but invariable était de rechercher des complices au sectaire qu'on tenait, des jugements sévères.

Dans les temps de calme, les condamnations capitales n'étaient exécutées qu'après avoir reçu, à Vienne, l'approbation impériale; dans les temps de troubles, les autorités suprêmes de Venise et de Milan avaient carte blanche.

« Agissez dans la plénitude de vos moyens, selon les circonstances, venait-on de leur écrire de Vienne, à la nouvelle des insurrections de Bologne et de Modène ; il faut des exemples pour empêcher, à l'avenir, la révolution de relever la tête. Sa Majesté impériale et royale vous saura gré de vos efforts pour rétablir la tranquillité dans ses états agités d'Italie. Point de pitié pour des misérables que la « clémence » souveraine n'a jamais touchés. Coupez le mal dans ses racines et n'hésitez pas à envoyer au supplice ceux que les tribunaux auront condamnés, s'il vous semble bon que le châtiment suive immédiatement l'arrêt rendu. »

Les termes de cette dépêche indiquent les conditions dans lesquelles Guido allait paraître devant le tribunal criminel.

Le conseiller impérial et royal Wieser, président, ouvrit l'audience selon les formalités d'usage, en demandant à l'accusé ses nom, prénoms, qualités, etc., à la suite de quoi il lui annonça qu'il était prévenu d'attentat contre la sûreté du royaume, de haute trahison, de conspiration ayant pour but de bouleverser l'état de choses existant, de corruption, de rébellion à main armée contre les agents de la force publique, crimes prévus par le code.

— Qu'avez-vous à répondre? lui demanda-t-il en terminant.

— Que voilà bien des crimes repartit Guido en souriant.

— Greffier, lisez à l'accusé les pièces de convictions saisies sur lui, et les rapports de la direction générale de la police concernant ses faits et gestes récents.

Le Greffier lut d'abord les rapports de la police ; il y en avait de Chioggia, de Malamocco, de Padoue, de Rovigo, de Vicence, endroits où Guido était allé pour affaires ou pour se promener, depuis les premiers jours de décembre ; il y en avait aussi de Venise.

Tous entraient dans des détails d'une pitoyable minutie, faute d'éléments sérieux.

Guido, se doutant qu'on l'espionnait, s'était appliqué à dérouter les agents secrets lancés à ses trousses, et il avait si bien réussi que ces agents se bornaient à le présenter comme suspect.

Les rapports lus, le greffier prit les lettres des comités révolutionnaires correspondants, le plan de révolte à Venise, la proclamation aux Vénitiens.

— Vous reconnaissez que ces papiers étaient en votre possession quand on vous a arrêté, que ces lettres vous ont été adressées, que vous êtes l'auteur du plan d'insurrection contre le gouvernement de Sa

Majesté impériale et royale, et de la proclamation incendiaire qui l'accompagne ? précisa le président.

— Je le reconnais, répondit Guido.

— Qu'avez-vous à dire pour votre défense ?

— Que je désire ardemment, comme tous mes compatriotes, la délivrance de ma patrie, et que j'ai cru bien faire en travaillant à cette délivrance.

— Votre patrie n'est pas opprimée, des révolutionnaires de votre sorte peuvent seuls prétendre le contraire. L'Italie vivrait paisible sous le pouvoir paternel de Sa Majesté impériale et royale, si les sectes ne l'agitaient sans cesse.

— Pour ma part, répliqua Guido, je ne suis pas sectaire, je suis patriote. Je veux les Allemands en Allemagne et les Italiens maîtres de leur sol. Chacun chez soi. Je ne vois là rien d'immoral, de subversif, de criminel.

— Vous avez des complices, car on ne tente pas isolément une entreprise pareille à celle que vous aviez préparée, et qui a échoué grâce à la vigilance de l'autorité et au courage de nos braves troupes.

— La Vénétie entière était avec moi.

— Je parle du comité que vous présidiez. Nommez les individus qui le composaient.

— Ce serait une infamie.

— Au contraire, ce serait une œuvre méritoire. Réfléchissez.

— C'est tout réfléchi.

— Vos aveux...

— Mes dénonciations.

— Vos aveux vous vaudraient la clémence souveraine.

— Monsieur le président, ma détermination est prise, et je vous préviens qu'il est inutile d'insister. J'ai voulu chasser les Allemands de la Vénétie ; je l'avoue, je m'en vante, et le plus grand chagrin de ma vie c'est de n'avoir pu accomplir cette sainte tâche.

— Vous refusez de donner les noms de vos complices ?

— Je refuse.

En présence de cette réponse péremptoire, le président recula, irrité, et fit appeler les témoins, en commençant par les sbires.

Ceux-ci déposèrent contre Guido, racontèrent les particularités de sa fuite, le dimanche soir, de son arrestation le lundi matin, sans éclairer le tribunal sur la composition du comité libéral.

Les commis, les domestiques des maisons Aldini et Selvatico ne savaient rien ; ils répondirent à peine aux questions que leur posa le président.

— Amenez le père de l'accusé, dit ce dernier à haute voix, en déguisant mal son dépit.

Guido tressaillit.

« Ha ! ha ! » remarqua le président.

Le vieil Aldini entra.

Il était pâle, fiévreux.

Il voulut embrasser Guido ; on l'arrêta.

— Votre fils, commença le président, est, vous le savez, prévenu des plus grands crimes d'Etat. Il a confessé ces crimes. Dans son intérêt, je l'ai invité à révéler les noms de ses complices, mais il refuse de parler. Vous devez connaître ces noms?

— Je ne les connais point.

— Allons donc! Votre fils vivait avec vous, il vous est très-attaché, il n'est pas admissible qu'il ne vous ait point initié à un mystère qui absorbait sa vie.

— C'est le seul secret que mon fils ait eu pour moi. L'amour de son pays a entraîné le malheureux enfant.

— Il m'est difficile de vous croire.

— Je ne sais pas mentir.

— S'il vous est impossible de nous donner la composition du comité révolutionnaire, du moins vous pouvez nous aider à arracher un secret que la justice pénétrera et qui, dévoilé maintenant, profiterait à votre fils.

Le vieillard, tremblant de tout son corps, s'avança vers Guido.

Celui-ci, les yeux rouges, le regarda avec autant de vénération que de franchise, sembla lui dire : « Hé quoi! c'est toi qui réclames une pareille délation? » puis se détourna pour essuyer ses larmes, et, écrasé sous la honte, soupira avec un douloureux reproche :

« Mon père!... »

Le vieil Aldini essaya de continuer ; les sanglots l'étouffèrent et il s'affaissa sur un banc, sans force, sans voix.

— Emmenez-le ! ordonna le président.

Deux agents traînèrent le vieillard hors de la salle d'audience.

En le voyant reparaître ainsi, Arabella crut que tout était fini, que l'arrêt était rendu ; elle poussa un cri déchirant et tomba, sans connaissance, dans les bras de sa mère.

Informé de l'incident, le président, pensant qu'il ne tirerait aucun renseignement utile de la jeune fille, la congédia avec les autres témoins.

S'adressant ensuite à Guido :

— Persistez-vous dans votre refus de nommer les membres du comité revolutionnaire que vous présidiez ? dit-il.

— Oui, répondit sans hésitation l'accusé.

— C'est votre dernier mot?

— C'est mon dernier mot.

— Gardes ! fit durement le président, reconduisez le *coupable* en prison.

On remit les menottes à Guido et on le ramena aux prisons criminelles.

Pendant ce temps le tribunal quitta la salle d'audience et se réunit dans une autre pièce pour délibérer.

A onze heures son arrêt était rendu ; mais Guido ne devait en recevoir communication que le lendemain.

IX

LA PRISON

— Il est condamné.
— Ah!
— A quoi?
— Au *carcere duro?*
— Non, à mort.
— A mort?
— Oui.
— Oh!...
— Un si honnête, un si digne garçon!
— La sentence sera adoucie.
— On prétend que non.
— Son passé, celui de son père, l'estime dont il ouit militeront en sa faveur.
— Dieu le veuille!
— Il paraît qu'il a refusé de parler?

— Oui.

— Et que la police n'a pu découvrir les membres du comité d'action ?

— Jusqu'à présent toutes les investigations ont été infructueuses.

— L'insurrection ayant fait long feu le gouvernement serait bien inspiré en montrant de la modération.

— La révolution de l'Emilie et l'agitation du Lombard-Vénitien le poussent à la sévérité. D'autre part, la mort violente du sbire Nicolo et l'excitation de la garnison le portent à faire un exemple.

— Quel malheur !

— Et le vieil Aldini ?

— Il est dans un état lamentable.

— Connaît-il l'arrêt ?

— On a dû le lui communiquer ce matin.

— Pauvre père !

— C'est la mort pour lui.

— Et la signorina Arabella ?

— On craint qu'elle ne perde la raison.

— Ah ! l'Allemagne est dure à l'Italie.

Tels étaient les colloques qu'on entendaient San-Marco, le mercredi 9 février, sous les *nouvelle procuraties*, dans les cafés fréquentés par les bou geois.

Sous les *vieilles procuraties*, dans les cafés fréque tés par les officiers Allemands, on s'entretenait aus de la nouvelle du jour.

— Espérons, disaient, dans leur jargon, l

traîneurs de sabre, qu'on n'enverra pas celui-là en Moravie, mais au diable, avec une corde au cou ou douze balles dans la poitrine.

— Et sans retard.

— L'exécution pourrait avoir lieu ce soir ; le général-gouverneur a plein pouvoirs.

— Le condamné n'a rien révélé ?

— Rien.

— De sorte que le fameux comité révolutionnaire reste dans les ténèbres où il opérait ?

— Oui.

— Raison de plus pour que son chef soit exécuté.

— Assurément. Si l'on veut en finir avec les sectes, il faut détruire les sectaires. Le moyen le plus efficace de gouverner des peuples comme celui-ci, c'est de les bâtonner quand ils bougent, de les fusiller quand ils s'insurgent.

— Le gouverneur est décidé à donner satisfaction au sentiment de la garnison.

— On répand le bruit d'une commutation de peine.

— Une commutation serait un encouragement à la révolte.

— Une faute scandaleuse.

— Le signore Aldini junior doit être pendu.

— Ou fusillé.

— Peu importe, pourvu qu'il meure.

— Il mourra.

— Si l'on avait pu pincer ses copains du comité,

quel joli feu de peloton on aurait fait sur leur band de chenapans.

— On les pincera.

— Assisterez-vous à l'exécution du *héros* libéral ?

— Certainement.

— Moi aussi. Je suis curieux de voir commen cette canaille affronte la mort.

— Nous y assisterons tous, car la garnison ser commandée pour prendre part à la fête.

Tandis que ces propos couraient d'un café à l'autre, sous les portiques de San-Marco, le gouverneu de Venise faisait appeler le vieil Aldini, au palai royal, et lui tenait ce langage :

« Le Tribunal criminel a condamné Guido à mor C'est la loi, et j'ai ordre de Sa Majesté impériale royale de déployer une rigoureuse énergie dans l répression des crimes révolutionnaires dont l'Itali est le théâtre. Je puis envoyer ce soir le coupable a supplice. Toutefois, en considération de l'estime q vous entoure, et dans l'espoir de pacifier pays en le délivrant des misérables qui le co rompent et le perdent, je veux faire une tentati suprême. Allez, avec la signorina Arabella, voir v tre fils : on est prévenu, on vous ouvrira les prison criminelles ; obtenez de lui qu'il fasse des révéla tions sur le comité qu'il présidait, sur les libérau ses confidents, ses agents, ses collaborateurs, e dès que ceux-ci seront en cage, en vertu des po voirs que Sa Majesté m'a confiés, je commuerai peine capitale de Guido en un exil perpétuel. Vous avez toute l'après-midi pour amener le condamné à des sentiments plus en rapport avec sa situation, avec son devoir de sujet autrichien que ceux qu'il a manifestés depuis son arrestation. S'il parle, je m'engage sur l'honneur à l'envoyer, sous escorte, à la frontière Suisse aussitôt que la justice tiendra les individus qu'il aura désignés. »

Le vieil Aldini sortit comme un fou du palais royal et, appuyé sur le bras d'un domestique, gagna sa gondole qui l'attendait devant l'escalier du môle.

« Au palais Selvatico ! » cria-t-il aux gondoliers d'une voix saccadée.

La gondole fila dans le grand canal.

Dix minutes après, Aldini entrait chez les dames Selvatico.

— Hé bien ? lui demanda vivement Arabella.

— Ils l'ont condamné !

— Condamné ?

— A mort.

— Mon Dieu !

— Mais nous pouvons le sauver.

— Comment ?

— Ou plutôt il peut se sauver lui-même.

— Expliquez-vous.

Le vieillard raconta ce que lui avait signifié le général-gouverneur.

— Venez avec moi, ma fille, acheva-t-il ; s'il résiste à mes prières, il se rendra aux vôtres.

— Partons !

— Je vous accompagne, dit la signora Candida. Si l'on refuse de me laisser pénétrer avec vous dans l'intérieur des prisons, je resterai dans le parloir.

Les deux femmes étaient vêtues de noir.

Elles mirent sur leur tête une mantille de point de Venise, du genre du *Velotto* milanais, et descendirent précédées d'Aldini.

A deux heures, leur gondole s'arrêtait devant les prisons criminelles.

Guido avait reçu officiellement, le matin, notification de l'arrêt qui le frappait.

A neuf heures, le directeur de la prison et six geôliers étaient venus le prendre pour le conduire dans une salle où se trouvait réuni le tribunal criminel.

Là, le président lui avait lu sa sentence.

Chargé de considérants infamants, ce document portait en outre que le condamné serait fusillé par les épaules, comme un bandit,

En l'écoutant, Guido blêmit ; mais reprenant le dessus, il dit : « Que la volonté de Dieu soit faite ! »

— Vous n'avez aucune observation à présenter ?

— De quoi serviraient mes observations et quel compte en tiendriez-vous ?

— La sentence vous sera lue publiquement demain.

Sur ce dernier mot du président, prononcé d'un ton glacial, Guido avait été ramené dans sa cellule.

Resté seul, son cœur se gonfla au souvenir de ceux qu'il aimait, au souvenir de Venise, de l'Italie, plus opprimées que jamais si l'insurrection de l'Emilie ne se propageait pas dans toute la Péninsule, si la Révolution ne prenait pas hâtivement du corps, des forces.

« La mort ! répéta-t-il, je la recevrais sans trembler en combattant ; mais de la main du bourreau ou assassiné par un peloton de soudards allemands !... Qui sait si tout est fini !... Que la nouvelle du soulèvement général du Lombard-Vénitien arrive aujourd'hui à San-Marco, et je serai libre demain !... Exécuté !... Pauvre père ! chère Arabella !... Allons, puisque nous n'avons pas su vivre pour eux, préparons-nous à mourir dignement pour la patrie et pour la liberté. »

Le bruissement, dans le couloir, de trousseaux de clés coupa court à ses réflexions.

Le geôlier ouvrit la porte de sa cellule.

Le directeur de la prison accompagné de deux autres porte-clés, se présenta.

« Monsieur, dit ce fonctionnaire d'un air où perçait la sympathie, Son Excellence le général-gouverneur a autorisé monsieur votre père et mademoiselle Arabella Selvatico à vous voir, sans témoin, pendant une heure. Je vais vous conduire auprès d'eux. »

« Je vous suis », répondit Guido extraordinairement agité.

Le directeur passa devant. Le prisonnier marcha derrière, escorté par les deux porte-clés.

Le geôlier referma la porte de la cellule.

Aldini et la signorina Arabella attendaient dans une salle basse meublée seulement d'un banc et de deux chaises.

La signora Candida était restée chez le gardien, l'autorisation d'entretenir le condamné ne mentionnant pas son nom ; mais le directeur de la prison l'avait assurée qu'elle verrait Guido quand on le ramènerait à sa cellule, qu'elle aurait toute facilité de lui dire adieu.

« Entrez ! » fit le directeur en pénétrant dans la salle.

« Le voilà ! » s'écria Arabella avec un élan irrésistible.

Guido entra.

Le directeur et les porte-clés se retirèrent.

Le condamné, le vieillard, la jeune fille se trouvèrent en présence.

— Mon enfant ! sanglota Aldini en étreignant son fils.

— Guido ! pleura Arabella.

Les trois chers êtres demeurèrent enlacés, le jeune homme couvrant de baisers la tête de son père et celle de sa fiancée.

— Ils t'ont condamné ! chevrota le vieillard, rompant le premier le silence, et avec un accent poignant.

— Je le sais.

— Mais...

— Mais?...

— Tu peux te sauver et nous sauver nous-mêmes, car ta mort serait aussi la nôtre, mon enfant bien-aimé.

— Oui, frissonna Arabella, aveuglée par les larmes.

L'adorable fille était délicieusement jolie ainsi, et Guido, en la regardant, se sentit troublé jusqu'au fond de l'âme.

— Je vous écoute... murmura-t-il.

— J'ai vu tout-à-l'heure le général-gouverneur, poursuivit le vieillard.

— Ah !

— Il a pleins pouvoirs et offre de commuer la sentence prononcée par le tribunal criminel en un exil perpétuel.

— Un exil !

— Tu serais conduit à la frontière de Suisse et laissé libre d'aller où bon te semblerait, sauf en Italie et dans les états autrichiens. Nous te suivrions de près, Arabella, la signora Candida et moi, et nous attendrions ensemble, à l'étranger, des jours meilleurs.

— Libre ?...

— Libre.

— Libre !... frémit la jeune fille le regard suppliant.

— Et... quelle condition le général-gouverneur met-il à la commutation de ma peine ?...

— Celle-ci... Le vieillard s'arrêta court après ce mot.

— Ne refusez pas ! s'écria Arabella surprenant un éclair de défiance dans les yeux de Guido.

— Parle ! dit ce dernier à son père.

Le vieillard se remit un peu.

— Le général-gouverneur n'exige, en échange de ta libération, que... les noms des membres du comité dont tu étais le président.

— C'est-à-dire une infamie.

— Non.

— Oh !... fit avec dénégation Arabella

— Osez donc prétendre, vous, l'honneur dans sa plus noble expression, que ce que le général-gouverneur exige de moi est une action honnête.

— Il ne faut rien exagérer, discuta Aldini après une seconde d'embarras et avec un tressaillement nerveux ; d'ailleurs cette action tu ne la proposes pas, on te l'impose.

— Vous entendez, appuya Arabella haletante.

— Puis tu connais assez la police autrichienne pour savoir que tes révélations n'avanceraient que de peu l'arrestation de ceux qu'on t'invite à nommer.

— Votre père a raison, Guido ; votre silence ne les sauverait pas.

— Alors pourquoi persister à te taire ?

— Ne nous aimeriez-vous plus, vous qui jadis auriez tout sacrifié pour nous épargner un chagrin.

— Ne plus vous aimer ! Je n'ai jamais senti plus

fortement combien je vous adore, Arabella, combien je t'aime et te vénère, mon père !

Le vieillard et la jeune fille éclatèrent en sanglots.

Guido les embrassa tour à tour avec effusion et continua :

— Mais si un homme qui te serait étranger, père, se trouvait dans la situation où je me trouve et dénonçait, pour sauver sa vie, ceux qui ont eu foi en sa parole, en sa loyauté, en son courage, quel nom lui donnerais-tu? Le voudrais-tu pour fils? Le voudriez-vous pour mari, Arabella?

— Écoute-moi...

— Non, vous n'en voudriez ni l'un ni l'autre ; et vous auriez raison, car cet homme serait un misérable.

— Guido !... pria la jeune fille.

— Moi, livrer mes amis aux sbires, au bourreau, et racheter mon sang avec le leur ! Me sauver par une délation, une trahison, une vilenie ! Vous me mépriseriez par la suite, et ma conscience me maudirait. Père, tu m'as enseigné l'honneur ; ce n'est pas à ce moment suprême que j'oublierai tes leçons et ton exemple.

— Tu veux donc mourir?

— Je ne veux pas vivre déshonoré, flétri, le cœur bas, la rougeur au front.

— C'est mal ce que vous dites là, répliqua Arabella. Vous nous voyez tous les deux pleurant, suppliant, et vous n'avez que des paroles cruelles, qu'un refus impitoyable. Nous espérions pourtan que notre douleur vous toucherait.

Il y eut un silence pendant lequel le vieillard e la jeune fille suffoquèrent, l'un assis sur le banc l'autre appuyée contre un pilastre de la salle.

Guido allait et venait devant eux, en proie à un agitation fébrile.

« Non, non ; c'est impossible ! » exclama-t-il e tombant, à son tour, abattu, sur une chaise.

Son père se leva, s'approcha de lui en tremblan et lui prit la main.

— Ah ! que vous me torturez ! s'écria-t-il ave une explosion de douleur.

— L'effort que nous vous demandons est gran insista doucement Arabella en se rapprochan également ; cependant vous le ferez si vous te nez à notre bonheur. Dès que vous serez libr nous partirons tous les trois : votre père, ma mè et moi, et nous irons vivre auprès de vous et pou vous, loin du monde, enveloppés dans l'affectio qui nous lie et que rien ne saurait affaiblir. Not mariage devait être célébré à Venise, il aura lieu Genève ou en France, à moins qu'il ne vous plai plus de m'avoir pour femme. Pardon, fit-elle e essuyant ses yeux, et sur un mouvement de so fiancé, mais je souffre tant, et je serais si he reuse de vous voir sauvé !...

— Est-ce que nous t'implorerions ainsi l'un l'autre, dit le vieillard, si nous n'étions persuad que tu dois, dans ces conjonctures, subir les cond tions que t'a dictées le général-gouverneur ? On discute pas avec la force impérieuse, on cède ; et celui-là seul qui a commandé le crime, qui y a contraint le faible, en porte devant Dieu et devant les hommes la responsabilité.

— Me faire délateur! repartit Guido avec une sorte d'épouvante ; ce serait à ne plus même oser regarder en face un espion allemand. Et de quel nom m'appellerait Venise lorsqu'elle apprendrait ma lâcheté, mon abominable trahison ? Ah ! père, ah ! Arabella, votre peine vous égare. Vous ne vous apercevez pas que vous exigez de moi plus que la vie.

Il y eut nouveau silence.

Les deux suppliants étaient effrayés de leur impuissance.

Le prisonnier, affreusement bouleversé, claquait des dents.

— Ce que tu refuses de faire pour toi, recommença Aldini en cherchant à se remettre, fais-le pour Arabella, fais-le pour moi. Si tu meurs, quel sera notre sort ?

— Vous êtes notre espoir, notre joie, notre tout ; sans vous, comment pourrions-nous vivre ? fit Arabella.

— Mon enfant, mon enfant chéri !...

— Guido !

— Je t'en conjure !...

— Ne nous repoussez pas !...

— Aie pitié de ton vieux père, auquel tu n'avais jamais causé un chagrin, et qui veut mourir dans tes bras, non de te voir mourir.

Guido cacha sa figure dans ses mains.

— C'est votre vie et les nôtres que nous attendons de vous, persista Arabella.

— Mon fils, et le vieillard tomba à deux genoux devant le prisonnier, tu as été mon orgueil, ma consolation, ne sois pas aujourd'hui mon désespoir !...

— Ah !... cria Guido, éperdu, en relevant son père

— Vous consentez?... interrogea anxieusemen Arabella.

— Non, non, non ! répondit Guido après un instant de combat intérieur.

La jeune fille blêmit.

Le pauvre septuagénaire sentit ses forces l'abandonner.

— N'insistez plus, ce serait inutile ; ma résolution est arrêtée : je ne parlerai pas, je ne trahira pas, je ne me déshonorerai pas.

— Ah ! Guido !... susurra Arabella, sur le poin de défaillir.

— Je resterai digne de vous, Arabella ; tu n'aura pas à rougir de moi, père.

— Moi, rougir de toi ! de toi, la loyauté, le cou rage en personne !...

— Tu en rougirais, si je devenais délateur ; n dis pas non, je le sens : la voix de ma conscience n me trompe pas.

La jeune fille et le vieillard firent simultanéme un mouvement identique pour parler ; Guido l prévint.

— Je vous remercie de votre insistance, je vo

en aime plus encore ; mais je vous le demande à mon tour, cessez d'exiger de moi ce qui est au-dessus de mes forces. Mourir sans reproches est moins dur que vivre infâme. La mort ne m'effraye pas, parce que mon âme est tranquille. La vie me serait à charge demain, si je livrais aujourd'hui mes amis.

Aldini, fou de douleur, eut un horrible serrement de cœur.

— Ne pleure plus, père ; ne pleurez plus Arabella, ajouta Guido, en les encourageant, en cherchant à les consoler ; plus tard nous nous retrouverons là-haut, où je vais aller rejoindre ma sainte mère, et goûter, dans sa pureté, cette chose divine qu'on ne connaît pas encore sur terre, et qui se nomme Liberté.

— Te perdre !...

— Tu me reverras dans un monde moins petit, moins cruel. Si je ne vous quittais, je ne serais pas à plaindre, car je suis à la veille d'entrer rayonnant dans l'éternité.

La porte de la salle s'ouvrit et les geôliers parurent.

— Déjà ! dit le vieillard terrifié.

Arabella devint livide.

— Adieu ! fit Guido en les serrant tous deux contre sa poitrine avec une tendresse pénétrante ; adieu ! ma dernière pensée sera pour vous.

Ils s'accrochèrent à lui convulsivement en prononçant des mots sans suite ; il les embrassa l'un et l'autre à les étouffer.

— Arabella, je vous adore ! accentua-t-il, aveuglé par les pleurs et d'une voix déchirante ; père, donne-moi ta bénédiction ; elle m'aidera à bien mourir.

Et il s'agenouilla.

Le vieillard lui baisa fébrilement le front et les cheveux, puis étendit ses mains tremblantes pour le bénir.

Sa figure était inondée de larmes ; sa bouche se contractait et se paralysait.

— Je... te.... bénis, mon fils !... bégaya-t-il, suffoqué.

Cet effort le brisa ; il s'affaissa, anéanti, sur une chaise.

Arabella poussa un cri d'effroi et se précipita à son secours.

Guido l'embrassa à plusieurs reprises, embrassa la jeune fille avec transport, répéta plusieurs fois : « adieu ! », et sortit, agité, ému au suprême degré, emmené par les porte-clés.

Quand il eut disparu, le directeur de la prison s'avança respectueusement vers le malheureux père et l'engagea à aller solliciter un sursis du gouverneur.

— La réflexion peut beaucoup sur l'esprit du prisonnier, hasarda-t-il.

— Vous avez raison ! affirma Aldini ranimé par un éclair d'espoir. Allons, ma fille, allons au palais royal, et puisse ma voix être plus éloquente auprès du général qu'elle ne l'a été auprès de mon fils.

Un instant après, il prenait place dans sa gondole avec Arabella et la signora Candida à qui on avait à peine permis de serrer la main à Guido, au moment où celui-ci traversait la cour de la prison pour regagner sa cellule.

X

POUR LA PATRIE ET POUR L'HONNEUR

Le général-gouverneur, occupé avec son état-major, tenait conseil au sujet du soulèvement de Ferrare, dont la nouvelle venait de lui parvenir.

Il ne put recevoir Aldini qui dut parler à un aide-de-camp.

« Attendez ici », ordonna l'officier, d'un ton sec, lorsque le vieillard eut fini, et en sortant de la salle.

Au bout d'un quart d'heure il reparut.

« Son Excellence, bredouilla-t-il en mauvais italien et avec toute la raideur germanique, accorde encore douze heures au condamné pour faire des révélations ; ce délai passé sans résultat, la justice aura son cours. Par ordre de Son Excellence, votre fils va être averti de la bienveillante décision prise en sa faveur. »

Aldini se retira.

En bas il retrouva Arabella et la signora Candida, auxquelles il rapporta brièvement la réponse du gouverneur.

« *Chi dura vince!* » avança la signora Candida cherchant à le réconforter.

« Dieu vous entende ! » soupira-t-il.

Tous les trois quittèrent le palais royal et se rendirent, à pied, au campo San-Moïse où quelques parents, quelques amis attendaient des renseignements sur l'entrevue de la prison.

Rentré chez lui, tandis que les dames Selvatico, qu'il devait revoir dans la soirée, retournaient en gondole au campo San-Stefano, Aldini raconta son insuccès, puis supplia ceux qui l'écoutaient de se réunir, de se concerter avec les notables les plus connus, les plus influents pour demander au général-gouverneur, au nom de la population vénitienne, la vie de Guido.

Tous promirent ; quatre ou cinq seulement tinrent parole.

Les autres eurent peur de se compromettre et se dérobèrent.

D'ailleurs, le général-gouverneur refusa formellement de recevoir la députation improvisée et sans mandat qui se présenta au palais royal, et se borna à lui faire répondre : qu'en présence des troubles anarchiques dont le centre et le nord de 'Italie étaient le théâtre, en présence de ce qui se assait à Venise, des complots, des tentatives crimielles des révolutionnaires, son devoir lui prescrivait d'exécuter sévèrement les ordres de l'empereur.

Le gouverneur pensait, d'autre part, qu'au milieu des complications exceptionnellement graves que traversait la domination autrichienne dans la péninsule, il avait l'obligation de s'appliquer à contenter les troupes d'occupation, dont une partie n'était pas très-dévouée à Sa Majesté impériale et royale, les bataillons hongrois par exemple.

Or, les garnisons des lagunes, inquiètes de ce qui se passait au-dehors, et furieuses de l'émeute du 7, à San-Marco, réclamaient des satisfactions de nature à leur assurer la sécurité.

Il fallait donc que le condamné mourût ou qu'il livrât les membres du comité libéral.

Le dilemme était impitoyable.

Vers cinq heures du soir, le greffier du tribunal criminel, accompagné du directeur des prisons, apprit à Guido que Son Excellence le général-gouverneur lui donnait jusqu'au lendemain matin pour révéler les noms de ses complices. « Si, à huit heures, la justice n'a pas reçu vos aveux, lui signifia-t-il, n'espérez plus rien. »

Guido ne répondit que par un signe de tête ; quand il se retrouva seul, il s'assit sur son grabat, et se prit à penser au temps qui fuyait rapidement derrière lui.

Il pensa à son père si dévoué, à Arabella si aimante, à la liberté de Venise, se remit, se calma peu à peu, et finit par s'endormir, l'esprit tourné vers l'immensité qui est au-dessus de nos têtes, et où il y a place pour tout le monde.

Son père, sa fiancée passèrent une nuit moins tranquille.

Ni l'un ni l'autre ne fermèrent les yeux, et à l'aube, leurs angoisses redoublèrent.

Guido parlerait-il ou s'obstinerait-il dans son mutisme.

Ils ne devaient le revoir que s'il parlait.

A neuf heures du matin, le jeudi 10, le vieil Aldini, auprès duquel se tenaient la signora Candida et Arabella, n'avait encore reçu aucun avis, lorsqu'un voisin vint lui annoncer avec effroi que des ouvriers, surveillés par des sbires, dressaient un échafaud sur la Piazzetta.

« Il n'a pas voulu parler !... » exclama-t-il en blémissant.

En effet, Guido persistait dans sa noble résolution.

Vers huit heures, quand le greffier et le directeur de la prison étaient entrés dans sa cellule, sans leur laisser le temps de lui poser la question sacramentelle, il avait protesté qu'il mourrait plutôt que de dénoncer ses amis.

« Hé ! bien ! qu'il meure ! » s'était écrié le général-gouverneur averti.

Et immédiatement des ordres avaient été donnés pour l'exécution.

A onze heures l'échafaud se dressait entre les deux colonnes monumentales de la Piazzetta, et les bataillons allemands, échelonnés sur une quadruple file, formaient un carré long, des gradins de la *Zecca*, hôtel des monnaies, aux vieilles procuraties, et de l'angle du palais ducal à la tour de l'horloge.

Une demi-batterie d'artillerie, menaçant les extrémités de la place San-Marco, du côté de l'*atrio* du palais royal, protégeait leur flanc en face de la basilique.

Une autre demi-batterie, placée devant la façade du palais des doges, était tournée contre la rive des Esclavons.

Les artilleurs se tenaient près de leurs pièces, mèche allumée.

Une multitude compacte encombrait les abords de la Piazzetta et les quais de l'île de la Giudecca.

Quant à l'île de San Giorgio Maggiore, qui regarde le môle, elle était occupée par un régiment de ligne.

Le ciel resplendissait.

Jamais plus beau soleil n'avait coloré la lagune et San-Marco.

La foule était profondément émue.

Autour de la Piazzetta elle paraissait menaçante, en depit des escouades de sbires et des fusils tudesques.

— Il n'a pas parlé, répétait-on dans tous les groupes, car Venise avait un même cœur, un même esprit à ce moment.

— Il a refusé de nommer ses amis du comité d'action.

— Le brave garçon !

— On lui offrait la vie et la liberté contre des révélations.

— Et il a repoussé ces propositions ?

— Oui.

— C'est un vrai Vénitien.

— Il a résisté, non seulement aux menaces, aux tentations de la justice, de l'autorité, mais aux prières de son père et de sa fiancée.

— Que les Allemands montrent, chez eux, des caractères aussi élevés.

— Comment le tueront-ils?

— Il sera fusillé par les épaules.

— Oh !...

— L'échafaud qu'ils ont dressé là ne servira qu'à la lecture de la sentence?

— Oui.

— Où le pauvre martyr sera-t-il exécuté?

— Là-bas, à San Giorgio Maggiore, par un peloon de ces soldats qui attendent l'arme au pied.

— Quand l'exécution aura-t-elle lieu ?

— Aussitôt après la lecture de la sentence. Une arque transportera le malheureux à San Giorgio, t... le sacrifice sera consommé.

— Le vieil Aldini a demandé l'autorisation de oir son fils une dernière fois ; on la lui a refusée. n lui a seulement permis d'envoyer au condamné n prêtre de son choix, ami de la famille.

— Il a également réclamé la faveur de rendre les erniers devoirs à la dépouille mortelle de son ennt ; on la lui a accordée, à la condition que le cercueil ne traverserait pas la ville, et que des sbires l'escorteraient jusqu'au cimetière.

— Les Allemands ont la force ; ils peuvent nous contraindre, à leur gré, à passer sous le joug.

— Patience, nous aurons notre tour.

— Quand ?

— Quand nos maîtres trouveront leurs maîtres. Jusque-là nous devons nous résigner à voir, sur cette Piazzetta, théâtre de nos anciens triomphes, nos libertés foulées aux pieds et nos patriotes crucifiés.

A ce moment le directeur de la prison, accompagné de six geôliers, allait prendre Guido dans sa cellule et l'amenait dans une salle au milieu de laquelle l'attendaient le chef de la police et le procureur impérial et royal en costume de juge.

— Monsieur, dit ce dernier, l'heure est venue.

— Je suis prêt, répondit le condamné.

Le chef de la police et le procureur signèrent la levée de l'écrou.

Guido eut un éblouissement et ses tempes battirent.

Le prêtre, s'en apercevant, l'encouragea par quelques mots à l'oreille.

Le directeur de la prison lui offrit un verre de vin.

« Non ; un peu d'eau », fit-il en remerciant d regard.

Le directeur lui apporta le verre d'eau.

Il le vida d'un trait.

Lorsque toutes les formalités furent accomplies, le chef de la police s'empara de lui, et l'entraîna au dehors.

Guido était pâle, mais résolu et marchait d'un pas ferme.

A son apparition, il y eut un mouvement dans la foule.

L'échafaud sur lequel il devait monter pour entendre la lecture publique de sa sentence, s'élevait à deux mètres du sol, entre les deux colonnes de la Piazzetta.

Il y arriva, en passant au milieu des soldats, tenu de chaque côté par un agent.

Sur le point de gravir l'escalier, il eut une seconde de faiblesse.

Il la dompta aussitôt en murmurant : « c'est pour la patrie !... » et mit résolûment le pied sur l'échafaud.

La sentence allait être lue de la grande fenêtre du palais ducal qui donne sur la Piazzetta.

Cette fenêtre s'ouvrit, et le greffier du tribunal criminel parut sur le balcon, un papier à la main.

Une rumeur prolongée suivie de l'ordre impératif de faire silence donné par les officiers, sur toute la ligne des troupes, soit en mauvais italien, soit en Allemand, roula, comme une vague, du môle à la tour de l'horloge.

Le chef des sbires invita Guido à se tourner vers le palais ducal.

« Au nom de Sa Majesté impériale et royale,

François Ier, empereur d'Autriche, roi apostolique de Hongrie, roi du Lombard-Vénitien, roi de Bohême, de Dalmatie, de Croatie, d'Esclavonie, de Galicie, Lodomérie et Illyrie, roi de Jérusalem, grand duc de Cracovie, duc de Lorraine, de Salzbourg, de Styrie, de Carinthie, de Carniole, de Bukowine, grand-prince de Transylvanie, margrave de Moravie... commença le greffier à haute voix.

L'attention devint générale.

La sentence était motivée avec une rigueur particulière.

Quand le greffier arriva à la fin, il ralentit son débit, et ce fut en scandant chaque parole, qu'il prononça cette lugubre phrase :

« Le tribunal condamne Guido Aldini à être fusillé par les épaules comme traître et infâme. »

Un cri d'horreur, d'indignation, de terreur accueillit, dans la foule, cette sentence qui assimilait Guido aux brigands.

Le patient ferma les yeux et posa sa main crispée sur son cœur dont les battements précipités l'étouffaient.

Le greffier se retira de la fenêtre.

Un brouhaha confus gronda de tous côtés, autour des troupes.

— Descendez ! dit à Guido le chef des sbires qui se trouvait au pied de l'échafaud.

Guido obéit.

Au bas de l'escalier, un peloton commandé par un capitaine, l'entoura et l'emmena sur le bord du môle où attendait une grande barque pour le transporter à l'île de San Giorgio Maggiore.

Il entra dans la barque avec le prêtre, les soldats et les sbires.

Midi sonnait à la tour de l'horloge, et la cloche *del malefizio*, le glas des exécutions, résonnait lugubrement du haut du clocher de Saint-Marc.

La barque, poussée par six rameurs, atteignit en trois minutes la pointe de l'île.

L'émotion était à son comble parmi les Vénitiens.

Tout à coup, à un signal donné, le bourdon cessa de tinter, le silence, un silence funèbre, s'établit, et tous les yeux se tournèrent vers San Giorgio Maggiore.

L'attente dura trente secondes.

Au bout de ce temps, une décharge de mousqueterie éclata, et un petit nuage gris-blanc, s'éleva de l'île.

Les soldats allemands venaient de fusiller Guido.

Alors, des commandements retentirent, les compagnies, les bataillons se reformèrent, les tambours battirent, les trompettes sonnèrent, et la garnison regagna ses quartiers.

Justice était faite.

Effrayés par le bruit, les pigeons de Saint-Marc, ces jolis oiseaux familiers qui, au milieu du jour, ont l'animation du forum de Venise, s'envolèrent u côté de la lagune, et, pendant un moment, semblèrent, au dessus de l'eau, soutenir, sur leurs douces ailes, la belle âme de Guido qui montait vers l'infini.

Deux heures après, un vieillard, brisé par la douleur, une jeune fille et une autre femme en deuil, pleuraient et priaient, agenouillés devant une tombe fraîchement recouverte, dans le cimetière de l'île de San-Michele, qu'on trouve sur son chemin quand on se rend à Murano, l'île des fabriques des verreries vénitiennes.

C'étaient le vieil Aldini, Arabella et la signora Candida qui pleuraient et priaient sur la tombe de Guido.

L'ENTREVUE DE MILAN

I

Milan, 16 octobre 1875.

EN QUÊTE D'UN GITE. — UN CABINET NOIR A DEUX LOUIS PAR JOUR. — JE SUIS CASÉ. — PROGRAMME DES FÊTES. — ARRIVÉE DES PRINCES, PRINCESSES ET PERSONNAGES POLITIQUES. — UN HYMNE DE SPONTINI [1].

Je suis arrivé hier, à minuit.

En quittant la gare, j'ai pris une voiture pour me rendre à l'hôtel où je descends d'ordinaire quand je viens à Milan.

[1] L'entrevue, à Milan (Octobre 1875), de l'empereur Guillaume et de Victor Emmanuel eut un grand retentissement et occupa vivement les esprits. Chargé, par un organe important de la presse de Paris, de rendre compte de cette entrevue, nous écrivîmes ces lettres au courant de la plume.

Ma présomptueuse confiance n'a pas tardé à recevoir le châtiment qu'elle méritait.

— Monsieur, m'a appris mon *albergatore* d'un ton froidement poli, en m'arrêtant sur le seuil de sa porte, il n'y a plus de place.

— Allons donc !

— C'est comme j'ai l'honneur de vous l'annoncer. A la rigueur, je pourrais vous coucher cette nuit ; mais, demain matin, il faudrait me rendre mon lit, car tout est loué d'avance.

Je baissai le nez, et, me retournant vers mon cocher, je l'invitai à commencer avec moi un voyage par la ville à la recherche d'un gîte.

J'allai vainement frapper à un second caravansérail voisin, puis à un troisième, puis à un quatrième, puis à un cinquième.

Dans ce dernier, un hôtel de première classe, après m'avoir déclaré que tout était pris, on m'offrit de me céder une *chambre* encore libre, à certaines conditions convenues préalablement.

Je demandai à voir la chambre.

C'était un recoin humide, sans fenêtre, un cabinet noir dont on avait retiré la provision de bois ou de charbon pour y mettre un lit.

On y étouffait.

— Voilà ! me dit le majordome.

Peut-être est-il intéressant de rappeler le baiser Lamourette que le fondateur de l'Unité Italienne et le fondateur du nouvel empire d'Allemagne se donnèrent dans la capital Lombarde, que les Allemands avaient quittée quinze ans au paravant en laissant derrière eux les plus tristes souvenirs

— Et à quelles conditions me livreriez-vous ce lieu de délices ?

— A raison de quarante francs par jour, pour six jours au moins.

— C'est pour rien ; d'autant qu'on n'est point nourri par-dessus le marché...

Le majordome eut un sourire étrangement dédaigneux.

Je remontai *en carrosse*, et je poursuivis mon exploration.

Au bout de deux heures et demie j'avais épuisé la liste des hôtels de la ville, et j'étais trop heureux d'accepter l'hospitalité, pour une nuit, *alla bella Venezia.*

Ce matin, je me suis remis en campagne, et, à force d'intrigues, de protections, de démarches, j'ai réussi à me caser, *à prix d'or*, pour *les fêtes.*

Ces fêtes, que la municipalité milanaise prépare fièvreusement, promettent d'être belles ; elles attirent un immense concours d'étrangers. En voici, *grosso modo*, le programme :

Lundi, 18, dans l'après-midi : entrée solennelle de l'empereur Guillaume ; le soir, illumination de la cathédrale.

Mardi, 19 : grande revue, réception à la Cour, dîner dans la salle des cariatides, illuminations, spectacle de gala à la Scala.

Mercredi, 20 : chasse à Monza, dîner, autre spectacle à la Scala.

Jeudi, 21 : visite aux principaux monuments, bal à la Cour.

Vendredi, 22 : promenade sur le lac de Côme, dîner, départ.

L'empereur d'Allemagne voyage avec une suite de soixante personnes, dont font partie le feld-maréchal de Moltke et le secrétaire d'Etat de Bulow.

L'empereur et M. de Moltke seront logés au palais royal, où auront lieu des conférences politiques et militaires avec les ministres italiens.

Le prince de Bismark, sur qui l'on a compté jusqu'au dernier moment, dans les régions officielles, cause, par son absence, une vive déception. Le chancelier envoie à sa place, il est vrai, un secrétaire d'Etat *di cartello*, mais ce remplacement ne plaît qu'à demi.

La princesse Marguerite arrive aujourd'hui de Monza ; la duchesse de Gênes, le duc d'Aoste, le prince de Carignan, le duc de Gênes, la rejoindront dimanche.

Quant à l'importance de l'entrevue qui se prépare, j'estime qu'il convient de ne pas l'exagérer.

Certes, les Italiens sont fiers de la visite de l'Empereur d'Allemagne, qui est pour eux une nouvelle consécration des faits accomplis, de l'unité de l'Italie, et je ne doute pas qu'ils n'acclament l'impériale et royale majesté ; je crois cependant qu'ils le feront sans intention hostile contre nous.

Je connais ici beaucoup de gens qui occupent des positions sociales élevées, et la plupart sont partis cette semaine, sous un prétexte ou sous un autre, pour ne pas voir *i Tedeschi*, les Allemands, dont on ne saurait oublier, en Lombardie, les gestes passés.

La partie modérée de la population de ce beau pays, c'est heureusement la plus nombreuse, nous a conservé ses sympathies.

En voici une preuve :

Par courtoisie pour S. M. Guillaume, on chantera, dans la représentation de gala, à la Scala, l'hymne *Borussia*, de Spontini, composé pour la cour de Berlin, en l'honneur de faits de guerre auxquels l'empereur d'Allemagne actuel prit part. Seulement, comme les paroles de cet hymne rappellent la bataille de Leipzig, 1813, et contiennent des violences contre nous, on les a laissées de côté et l'on en a broché d'autres de circonstance, qui sont dépourvues d'allusions blessantes.

En apprenant cela, un journal exalté de Milan a publié hier une traduction de l'hymne allemand authentique et l'a présentée comme celle qui serait chantée à la Scala ; ce journal a été unanimement blâmé, désavoué, et a provoqué, en faveur de la France, un mouvement accentué de l'opinion publique.

Le voyage de l'empereur d'Allemagne a un but politique, cela n'est pas douteux ; toutefois, de ce voyage à une alliance qui nous viserait directement, il y a loin.

II

Milan, 19 octobre.

AFFLUENCE ÉNORME. — L'ABSTENTION DU PRINCE DE BISMARK. — LE ROI. — PRÉPARATIFS DES FÊTES. — LA PLACE DU DÔME. — EXCLAMATION D'UN BOURGEOIS. — LA VILLE PAVOISÉE. — LES FÊTES ITALIENNES. — LE MOMENT SOLENNEL. — ARRIVÉE DE L'EMPEREUR ET DE SA SUITE. — RÉCEPTION A LA GARE. — ACCUEIL DE LA POPULATION. — DINER AU PALAIS ROYAL. — ILLUMINATIONS. — LA FOULE EN VILLE.

LA VEILLE DE L'ARRIVÉE

Le temps est superbe, la ville est ensoleillée et semble une fourmilière du haut de la pyramide centrale du Dôme. Le chemin de fer apporte incessamment des flots de voyageurs qui s'éparpillent aussitôt dans toutes les directions, en quête de logements.

Les hôtels sont combles de la cave au grenier ; les chambres garnies offertes par les particuliers font prime.

Les derniers venus coucheront à la belle étoile s'ils ne se résignent à aller passer la nuit à Monza, à Pavie ou dans d'autres localités environnantes.

C'est seulement vendredi que la nouvelle de l'abstention du prince de Bismarck est parvenue au ministère des affaires étrangères ; jusqu'alors on a préparé, au palais royal, un appartement pour le chancelier et pour son fils.

On ne croit pas à la maladie du célèbre homme d'Etat, mais on feint d'y croire.

Pour se consoler, les prussophiles répètent : « S'il ne vient pas, il envoie à sa place son *alter ego*, Von Bulow, donc la politique ne sera pas écartée de l'entrevue qui se prépare. »

C'est vraisemblable; néanmoins l'absence du prince enlève, à ce côté de l'entrevue, les trois quarts de son importance.

Le roi, qu'on n'attendait que lundi, est arrivé à onze heures, avec M. Minghetti, président du conseil.

Le prince Humbert, les membres du cabinet, la municipalité, une vingtaine de généraux, des sénateurs, des députés, l'ambassadeur d'Allemagne, l'attendaient à la station.

Il portait une redingote noire, un pardessus gris et paraissait plein de santé et de bonne humeur.

En descendant de wagon, il a répondu par ces mots au salut de son fils : « Splendide journée ; le temps nous favorise ». Puis il est allé au baron de Keudell, représentant de l'empereur Guillaume. Se tournant ensuite vers le syndic, il lui a serré chaudement la main en lui disant : « Donc, tout va bien, cher M. Belinzaghi ? — J'espère, a répliqué le syndic avec une pointe de satisfaction, que Votre Majesté sera contente de Milan. »

Quelques minutes plus tard, Victor-Emmanuel entrait au palais royal et en examinait les appartements.

Là tout est prêt.

Il n'en est pas de même en ville.

Sur la place du Dôme, où on a abattu hâtivement un pâté de vieilles maisons condamnées à disparaître devant les nouvelles constructions, ce qui a arraché cette exclamation à un Milanais frondeur : « Partout où passe l'Allemand on voit des ruines », sur la place du Dôme, on est en retard.

Tout sera terminé demain cependant, car une armée d'ouvriers travaille sans relâche à la décoration du vaste quadrilatère.

Cette décoration promet d'être très-réussie, ce qui n'a rien de surprenant, le goût étant une des qualités innées des Italiens.

Dans le courant de la journée, des *bandiere* apparaissent aux fenêtres des palais du Corso ; le drapeau national flotte à l'extrémité de la flèche de la cathédrale, à trois cent trente pieds de hauteur ; l'autorité, la municipalité prennent, de concert, des dispositions ultimes ; le roi, les princes, la princesse Marguerite, les grands officiers de la cour donnent de derniers ordres ; le général Cialdini, le baron de Keudell et quelques autres personnages partent pour aller recevoir l'auguste visiteur à la frontière ; la population de plus en plus compacte, attend impatiemment le jour où, pour la première fois, un empereur d'Allemagne descendra en Italie autrement qu'en ennemi.

LE MATIN DU GRAND JOUR

La ville est pavoisée, mais avec mesure, et remplie d'une multitude qui s'augmente par l'arrivée successive de trains de plaisir d'où sortent des milliers de voyageurs : Siciliens, Napolitains, Romains, Toscans, Vénitiens, Piémontais.

Toutes les provinces donnent.

Les femmes sont nombreuses ; c'est l'habitude dans les fêtes de ce côté des Alpes, et l'on ne s'en plaint pas.

Voici des paysannes lombardes, avec leurs grosses épingles d'argent dans les cheveux, qui leur forment comme une auréole derrière la tête ; des Génoises, enveloppées dans leur *pezzotto* blanc ; des Chioggiennes, des Padouanes, avec leur *tonda* posée à la façon du voile des Madones de Guido Reni ; des Milanaises, la tête adorablement encadrée dans leur *velotto*, ce diminutif de la mantille espagnole, qu'elles portent si gracieusement ; des Romaines, somptueusement vêtues et couvertes de bijoux ; des Bolonaises, plus coquettes et moins lourdement mises ; des Vénitiennes, reconnaissables à leur abondante chevelure blonde merveilleusement arrangée ; des Turinoises en robes à traîne interminable, etc. Le coup d'œil est aussi agréable que pittoresque.

Place du Dôme, on enfonce les derniers clous, on pose les dernières tentures, on enguirlande les mâts, on achève les préparatifs des illuminations.

Vers midi, le soleil s'éclipse, on dirait qu'il refuse d'être de la partie, et le ciel se couvre de nuages. Cela inquiète visiblement les Milanais les plus empressés.

A trois heures, les troupes désignées pour former la haie prennent position et la circulation devient impossible aux abords du jardin public.

J'entre dans la gare où, grâce à l'obligeance des chefs de service de la Haute-Italie, j'occupe un poste d'observation excellent.

A quatre heures, les voitures de la cour font leur apparition ; à quatre heures et un quart les clairons annoncent le roi.

Encore dix minutes, et la capitale lombarde, l'antique cité détruite par Frédéric Barberousse, opprimée pendant tant de siècles par les Allemands, aura l'honneur insigne de posséder dans ses murs le nouveau maître de l'Allemagne.

L'ARRIVÉE

Le roi, le duc d'Aoste, le duc de Gênes, en grand uniforme, le prince de Piémont, en tenue de hussard prussien, sont groupés sur le quai de la gare, au milieu des officiers de leurs maisons militaires, des ministres, de la municipalité, des autorités constituées.

Le prince de Carignan est resté à Turin, pour motifs de santé, et s'est fait excuser.

On a laissé le petit prince de Naples à Monza ; il en reviendra pour la revue.

A quatre heures trente, un coup de canon signale l'approche du train impérial.

Le roi se découvre et s'avance seul sur le bord du quai.

Les troupes présentent les armes ; la musique militaire joue la marche royale prussienne.

Le train entre en gare ; il roule lentement afin de s'arrêter juste au point fixé.

Je remarque que sa machine porte le nom de *Rossini*.

Le hasard a de ces bizarreries.

Rossini ne pouvait entendre sans énervement le bruit d'une locomotive.

Le roi est impressionné ; cela ne lui messied point.

Le train s'arrête, et l'empereur Guillaume, en uniforme de feld-maréchal, le casque sous lè bras gauche, descend, suivi de M. de Moltke.

Malgré son âge, il se tient droit comme un grenadier de sa garde.

Le roi s'avance, lui tend la main, lui dit : « Mon frère, je suis heureux de voir Votre Majesté sur le sol italien, » et l'embrasse trois fois : une fois sur la bouche, à l'italienne, et une fois sur chaque joue ; après quoi il lui présente les princes, les ministres, le syndic et plusieurs officiers généraux.

Leurs Majestés traversent le salon d'attente et montent dans leur carrosse.

C'est un landau traîné par six chevaux anglais conduits par un cocher, qu'à son accent on reconnaît pour un Napolitain.

Naples est la patrie des automédons.

Le roi a l'empereur à sa droite.

Les princes, M. de Moltke, le général Cialdini, les généraux italiens et allemands, les ministres, montent dans d'autres voitures à deux chevaux, et le cortége s'ébranle vers le palais royal, escorté par les cuirassiers du roi et salué par des salves d'artillerie.

J'ai eu le temps de sortir de la gare, et j'assiste au départ des deux souverains que la foule acclame.

A cet instant, je l'avoue, le cœur me bat un peu.

Quelques Italiens de mes amis, auprès desquels je me trouve, s'en aperçoivent, car l'un d'eux, se penchant vers moi, me dit en indiquant du regard le cortége impérial et royal qui disparaît sous le pont du jardin public : « Ne croyez pas que ces acclamations signifient que nous ne pensons qu'à la Prusse, que nous n'admirons qu'elle, que nous allons nous allier avec elle contre vous ; elles s'adressent plus à l'adversaire de ce qu'on est convenu d'appeler l'ultramontanisme qu'au vainqueur de Sedan. A tort ou à raison, les Italiens se figurent que les démonstrations en faveur du Pape, qui se produisent chez vous, sont susceptibles de pousser la France à tenter de restaurer le pouvoir temporel ; de là le mouvement de notre opinion publique vers la cour de Berlin ; mais que les démonstrations dont on se plaint cessent, et que le chef de votre gouvernement vienne à son tour en Italie, et vous verrez l'accueil qu'il recevra. Alors, ce ne sera plus la politique, ce sera l'amitié qui fera les frais de la fête. »

En effet, l'enthousiasme italien, que j'ai vu souvent éclater, ne m'a pas paru cette fois, aussi profond que d'habitude. Il y a eu, dans la réception faite à l'empereur Guillaume, plus de curiosité que de sympathie vraie, et je ne sais quel vague sentiment de crainte. On prétendra, peut-être, que j'ai vu les choses avec des yeux de français : soit. Mais je crois avoir bien vu.

LE SOIR

Il y a dîner au palais royal ; la princesse Marguerite fait les honneurs avec la duchesse de Gênes, sa mère.

La place de la Scala, la place du Dôme, la galerie Victor Emmanuel, sont splendidement illuminées.

Cette galerie, large comme un boulevard, haute comme une cathédrale, avec sa belle voûte vitrée et sa coupole hardie, est la plus remarquable œuvre de ce genre qui existe ; Milan peut en être fière.

A neuf heures, le Dôme est éclairé aux feux de bengale. Le merveilleux monument de marbre blanc offre aux lueurs changeantes des flammes, un aspect féerique. Sa forêt de clochetons pointus et ses milliers de statues se perdent dans les nues. On s'étouffe pour l'admirer.

A minuit les rues se vident, les *Osterie* se remplissent, nombre de provinciaux sans logement y passeront la nuit, et les paysans se couchent sous les porches des églises, devant les palais, les monuments, avec le ciel nébuleux pour toit et l'air humide pour couverture.

Ce matin la foule se porte à la place d'armes où doit avoir lieu la revue. Je pose ma plume et je suis le courant.

A un prochain courrier le compte-rendu des fêtes.

III

Milan, 21 Octobre.

PRÉOCCUPATIONS QUE CAUSE LA REVUE. — DE MOLTKE ET BISMARCK QUALIFIÉS PAR LE PUBLIC. — L'INCIDENT DE TRENTE. — LE TRENTIN. — ÉTIQUETTE ET PHOTOGRAPHIE. — LA REVUE. — LE DINER DE GALA. — LES TOASTS. — REPRÉSENTATION DE GALA. — LA SALLE. — MONZA. — CHASSE MANQUÉE. — UN COMPLIMENT DU GÉNÉRAL CIALDINI.

LA REVUE

On tenait à donner à l'empereur et au feld-maréchal de Moltke une bonne idée de l'armée Italienne, aussi la revue de mardi était-elle une grande préoccupation, d'autant que la pluie menaçait.

Grâce à un crédit spécial le ministre de la guerre

avait pu ajouter deux divisions aux quatre mille hommes de la garnison de Milan.

La revue devait avoir lieu à onze heures.

Dès le matin la foule de la veille, environ deux cent mille individus, avide de contempler les illustres visiteurs, se ruait, avec un irrésistible entrain, sur la place d'armes.

Je dis les illustres visiteurs, car, en réalité, M. de Moltke attire les regards tout autant que sa Majesté Guillaume.

On l'appelle *le grand capitaine*, et quand on aperçoit la pointe de son casque, on éclate en bravos.

Mais c'est M. de Bismark qu'on aurait voulu voir.

On le qualifie de *génie colossal*, et son absence excite les plus vifs regrets.

Dans les groupes au milieu desquels je me trouvais, on parlait avec animation de la manifestation des habitants de Trente.

Le 17 au soir, l'empereur a été accueilli dans cette ville d'une façon délirante ; trois fois il a dû paraître au balcon de l'hôtel où il était descendu ; on lui a présenté des fleurs, des adresses, on a illuminé, on a tiré des pétards, on a couvert les murs de proclamations italianissimes, bref, la démonstration a pris un tel caractère que l'autorité supérieure s'est crue obligée d'intervenir.

Ce fait n'est pas sans importance ; on en est affecté à la cour de Vienne, et, pour empêcher qu'il se renouvelle, l'empereur Guillaume ne s'arrêtera pas à Trente à son retour.

Le Trentin est un des *desiderata* des Italiens ; tôt où tard il fera l'objet de quelque complication. « Pour l'obtenir, affirmait à côté de moi, en riant, un Milanais, il nous suffirait d'une bataille perdue. »

Le fait est que, jusqu'à présent, l'Italie a joué à qui perd gagne, et que ses défaites lui ont singulièrement profité. Si Frœschwiller, Forbach et Sedan nous avaient rapporté relativement autant que Lissa et Custozza lui ont donné, au lieu de perdre l'Alsace et la Lorraine nous aurions annexé l'Allemagne entière.

Mais revenons à la revue.

A onze heures moins quelques minutes, les trompettes sonnent : ce sont les souverains qui débouchent en voiture.

Leurs majestés montent à cheval dans le château, reste de l'ancienne citadelle des Visconti et des Sforza qui borne, au sud-est, le champ de Mars.

Le cheval de l'empereur est un pur sang anglais à manteau noir, qui porte un nom fameux dans les annales du sport : *Gladiator*.

L'empereur, le roi, le feld-maréchal, s'arrêtent dans la cour du château, afin de permettre à un officier du génie de les photographier.

Ici un détail typique :

L'étiquette veut qu'en pareille circonstance (grande revue), nul n'approche *pédestrement* du souverain prussien. Le général X..., commandant du génie, en avertit l'officier en question, et lui ordonna de ne placer son appareil qu'à 27 mètres de l'endroit où Sa Majesté devait poser.

— 27 mètres objecta l'officier ; mais mon général, à cette distance je ne vous ferai qu'un empereur grand comme ça.

— Vous le grandirez.

— Je ne pourrai jamais le grandir assez.

— Ça ne me regarde pas ; arrangez-vous.

— Si je montais à cheval avec mon objectif?...

Le général fronça les sourcils et tourna les talons. L'officier a donc été contraint de faire un empereur *grand comme ça*. Ma foi, ce n'est pas sa faute.

Leurs Majestés pénètrent sur la place d'armes. L'empereur a à sa droite le roi, à sa gauche le prince Humbert ; il porte un uniforme noir à parements rouges.

Le roi et le prince ont la tenue italienne grise avec le casque à panache blanc.

Le prince Amédée, qui décidément laisse pousser toute sa barbe, le prince Thomas, le feld-maréchal de Moltke viennent ensuite, et derrière eux un état-major nombreux.

L'empereur a bonne mine. Son air satisfait contraste avec la physionomie finement sarcastique de M. de Moltke.

Le sourire équivoque du célèbre stratége provoque les commentaires des observateurs méticuleux. Ce sourire est-il favorable, est-il dédaigneux? *Non si sa.*

Les musiques militaires attaquent la marche royale prussienne ; leurs Majesté passent devant le front de bandière des divers corps.

Vingt minutes plus tard, la revue est terminée et les souverains se placent en face de l'arène pour assister au défilé.

A midi et demi, tout est fini ; l'empereur, le roi, les princes, le feld-marcéhal de Moltke quittent leurs chevaux, remontent dans les voitures de cour qui les ont amenés, et rentrent au palais royal.

L'empereur a félicité le roi de la belle tenue des troupes ; c'était indiqué. D'ailleurs, il est juste de reconnaître que l'armée italienne se tient bien sous les armes, et qu'elle a une attitude martiale, en dépit de certains uniformes d'officiers qui sentent la gravure de mode.

LE DINER DE GALA

La salle à manger du palais royal est richement décorée et inondée de lumière. La table, en fer à cheval, est garnie de candélabres de bronze doré entremêlés de vases pleins de fleurs. Les surtouts sont en argent ciselé, le service est en porcelaine de Sèvres.

Je compte cent quatre-vingt-deux convives.

Sept grands siéges couverts de velours cramoisi ont été placés à la tête de la table, pour l'empereur, le roi et la famille royale.

Les ministres, les généraux, les hauts fonctionnaires sont assis dans des fauteuils en rapport avec la décoration de la salle.

Le cardinal-archevêque de Milan, invité, s'est excusé *pour motif de santé.* On aurait, probablement, été embarrassé s'il eût accepté l'invitation.

Ce qu'il y a de piquant, c'est qu'on parle français partout, c'est que le menu, dont je vous fais grâce, et où je ne vois guère qu'une chose à signaler : du Tokay de 1760, de 115 ans, s'il est authentique, est écrit en français, et que tout-à-l'heure, les souverains s'exprimeront en français lorsqu'ils porteront des toasts.

Une musique composée de cinquante musiciens exécutent différents morceaux d'Herold, de Meyerbeer, de Spontini, de Strauss, de Rivetta, de Ponchielli.

A un moment, vers la fin du dîner, tout se tait, le roi se lève et il porte, à haute voix, le toast suivant : « A la santé de l'empereur d'Allemagne, mon cher frère, mon cher hôte et ami, à la santé de l'impératrice, de toute la famille impériale et royale de Prusse. Permettez, Sire qu'en cette heureuse occasion, je sois l'interprète des vœux que les Italiens, unis avec moi, font pour le bonheur de Votre Majesté, pour la prospérité de l'Allemagne, pour l'amitié constante de nos deux nations ».

Un murmure approbateur couvre ces paroles. Aussitôt, l'empereur, debout et le verre en main, s'exprime en ces termes, en français, avec l'accent tudesque : Je remercie Votre Majesté des paroles aimables qu'elle m'a adressées. Je suis très-heureux d'avoir pu enfin lui rendre la visite qu'elle m'a faite il y a deux ans, et que, depuis longtemps, j'avais l'intention de lui rendre. Profondément ému de l'accueil que j'ai eu de Votre Majesté et de ce beau pays, je sens que la sympathie entre l'Allemagne et l'Italie, et les relations d'amitié qui existent si heureusement entre nous, seront une garantie de la paix européenne. J'ai la confiance que ces relations resteront toujours les mêmes et, c'est dans cet espoir que je bois à la santé de votre Majesté. »

Une simple observation à propos de ce dernier toast : qui menace la paix européenne ? La France ?

La France est actuellement la puissance qui veut le plus sincèrement la paix. Il serait équitable de ne plus la présenter comme un danger pour l'Europe, de ne plus affecter de prendre des mesures de précaution contre elle.

LA REPRÉSENTATION A LA SCALA

Il est convenu que, dans les représentations de gala, le spectacle n'est pas sur la scène, mais dans la salle.

Ce n'est pas pour entendre le *Ballo in machera*, l'hymne *Borrussia* de Spontini, et pour voir un ballet médiocre qu'on a payé des fauteuils d'orchestre dix louis et des loges de troisième rang cinquante louis.

La salle est éclairée *à giorno*, enguirlandée, fleurie, éblouissante.

Une seule loge reste vide : celle du duc Scotti, qui a protesté, à sa façon, non contre l'Allemagne, mais contre la conduite du gouvernement allemand envers l'église catholique.

L'empereur, le roi, la famille royale et la cour font leur entrée à neuf heures ; l'orchestre joue l'hymne prussien ; la salle entière se lève ; Sa Majesté Guillaume est acclamée, et c'est à grand'peine que le silence se rétablit.

Tous les yeux, toutes les lorgnettes sont braqués sur la loge royale où se trouvent réunis : l'empereur, le roi, le prince Humbert, le duc d'Aoste, le prince Thomas, le feld-maréchal de Moltke, la princesse Marguerite et la duchesse de Gênes.

La princesse Marguerite porte un diadème étincelant qui lui va à ravir.

Du reste, les femmes italiennes sont admirablement représentées à cette impériale et royale représentation. Chaque loge a son étoile et chaque étoile est adorablement belle. Voilà un spectacle qu'on ne voit pas à Berlin.

La Cour assiste au ballet, écoute le second acte du *Ballo in Maschera*, et se retire saluée par des vivats prolongés.

A minuit, tout dort au palais royal, et la ville, fatiguée par ces deux jours de fêtes et d'enthousiasme soutenu, prend, à son tour, un peu de repos.

LA CHASSE A MONZA

(Mercredi 20)

Le temps s'est décidement gâté ; il pleut à verse. Leurs Majestés auront un médiocre plaisir à courre le cerf ; n'importe elles partent à 10 h. 40 pour Monza.

Monza est considérée comme le Versailles de la Lombardie ; c'est une ancienne ville, de 24,000 âmes, dont la cathédrale renferme la fameuse couronne de fer. Elle possède un château auquel le prince Eugène de Beauharnais a ajouté un immense parc muré de treize kilomètres de tour où pullulent les cerfs, les chevreuils, les faisans. On en revient rarement bredouille, surtout lorsqu'on est prince. Malheureusement, les éléments, ces complices du gibier, s'étant déchaînés au moment où on allait lancer les chiens, la chasse préparée s'est transformée en un déjeuner prolongé. Je doute que les cerfs se soient plaints de ce contre-temps.

Avant le retour à Milan, qui s'est effectué vers quatre heures, le maréchal de Moltke est allé visiter la cathédrale et s'est fait montrer la couronne de fer.

Pour l'excursion à Monza, tout le monde portait des habits bourgeois.

Puisque le nom de M. de Moltke est revenu sous ma plume, un détail rétrospectif :

Quand le général Cialdini complimenta l'empereur à la station-frontière d'Ala, il le félicita particulièrement de ses victoires et se réjouit avec lui de la *glorieuse* campagne de 1870. Cette *réjouissance* ne manquait pas d'originalité de la part d'un homme qui s'est trouvé, il y a 15 ans, auprès de l'armée française versant son sang, en Lombardie, pour l'indépendance italienne, et ne laissant sa tâche inachevée que parce que la Prusse menaçait d'intervenir militairement en faveur de l'Autriche... « Ce n'est pas à moi que vous devez adresser vos compliments, répondit Sa Majesté, mais à M. le maréchal de Moltke qui a tout dirigé. »

L'empereur ne partira que samedi ; il repassera par le Brenner, sans s'arrêter à Trente, afin d'éviter toute nouvelle manifestation.

IV

Milan, 23 octobre.

LE PRINCE DE NAPLES. — UNE ANECDOTE. — L'EMPEREUR ET M. DE MOLTKE A LA SCALA. — VISITE A LA CATHÉDRALE. — LA GALERIE VICTOR-EMMANUEL. — MANIÈRE D'ÊTRE DE L'EMPEREUR. — UNE HISTOIRE D'ÉCURIE. — CADEAUX OFFERTS. — CHASSE A TIR. — LE BAL. — LE COSMÉTIQUE DU ROI. — IL PLEUT. — FIASCO DES ILLUMINATIONS. — L'EMPEREUR SE DÉCIDE A PARTIR.

ÉCHOS DE LA VEILLE

Les honneurs de la journée passée à Monza ont été pour le prince de Naples, le futur héritier présomptif de la couronne.

Le *principino* est un bébé joufflu, aux cheveux blonds bouclés, bien portant, à l'air décidé, qui ressemble un peu à son grand-père, et dont les réparties sont souvent amusantes.

Mercredi, après le déjeuner, on l'a conduit dans le grand salon du château de Monza où la cour se livrait à une parlote animée en attendant l'heure du retour à Milan. Immédiatement il s'est avancé, d'un air délibéré, vers l'empereur qui, en le voyant marcher ainsi, l'a regardé, surpris, puis est allé à sa rencontre.

Le prince s'est arrêté devant Sa Majesté, l'a saluée, lui a tendu sa petite main, que l'empereur s'est empressé de prendre en se baissant beaucoup, et lui demandé comment il se portait et si l'Italie lui plaisait.

L'empereur a répondu qu'il se portait à merveille, que l'Italie l'enchantait, et, ce disant, il a donné l'accolade à l'enfant.

Le roi Victor-Emmanuel suivait cette scène d'un œil satisfait ; il a embrassé vivement à son tour le bébé.

J'ai recueilli, à ce propos, une anecdote que je veux vous rapporter : le principino appelle sa mère, la princesse Marguerite : la *mamma*, la maman ; son père, le prince Humbert : *il principe,* le prince ; son grand-père : *il nonno grosso*, le gros grand-père. L'orsqu'on lui demande : Qui aimes-tu ? il répond : *La mamma, poi il nonno grosso, poi il principe*, maman, puis grand-père, puis le prince.

On le campe sur une table, un papier dans la main, et on l'invite à faire le *nonno grosso*. Alors, il se pose comme le roi, dresse la tête, promène ses regards autour de lui, grossit sa voix, et avec un grand sérieux, grassaye, ainsi que le *nonno grosso*, ce passage du discours prononcé à Rome par Victor-Emmanuel, en 1871, à l'ouverture du Parlement : *Signori senatori, signori deputati, l'opera a cui consacrammo la nostra vita è compiuta. Noi siamo venuti a Roma e vi resteremo!* » Messieurs les sénateurs, messieurs les députés, l'œuvre à laquelle nous avons consacré notre vie est accomplie. Nous sommes venus à Rome, et nous y resterons! » Et, joignant l'acte à la parole, il frappe du pied sur la table, serre son papier, et regarde fièrement ceux qui l'entourent. Ah! mais!...

Mercredi, après dîner, l'empereur est retourné à la Scala où il a fort admiré le corps de ballet. Hum! En sortant il s'est trouvé nez à nez avec le feld-maréchal de Moltke. « Oh! vous aussi, vous êtes venu? s'est-il écrié en riant, bravo! il y a vraiment de quoi s'amuser ici! »

Il paraît que le fameux stratége aime assez à voir manœuvrer le bataillon chorégraphique du grand opéra de Milan. Allons, on a calomnié les prussiens.

Jeudi matin l'empereur s'est levé de bonne heure, a travaillé avec le comte de Bulow, avec le baron de Keudell, ambassadeur d'Allemagne, ensuite est allé visiter la cathédrale et la galerie Victor-Emmanuel.

Une députation du chapitre métropolitain a reçu Sa Majesté sur le seuil de l'église et lui a servi de cicerone.

L'empereur, étonné, en pénétrant dans le temple, s'est tourné vers son premier aide-de-camp et lui a dit : « Je comprends qu'ici on doit prier avec recueillement. C'est la bonne prière. »

Descendu dans la crypte, il a courbé le front devant l'autel.

En sortant du Dôme, il s'est rendu à la galerie Victor-Emmanuel, qui est à deux pas, et où l'attendait l'architecte Mengoni.

« C'est la plus belle œuvre d'art de ce genre que j'aie vue ! » a-t-il exclamé.

Avant de rentrer au palais royal, il a poussé jusqu'au municipe où il a répondu ainsi au compliment du syndic : « Je suis heureux, de vous exprimer à nouveau toute ma reconnaissance pour l'accueil magnifique que me fait votre population. Mon séjour à Milan sera un des plus chers souvenirs de ma vie. »

En réalité, Sa Majesté est émerveillée de ce qu'elle voit, de ce qu'elle entend, des acclamations qui la saluent au passage, qui la poursuivent incessamment. Ça la change.

Au reste, les Milanais soulignent, avec une pointe d'orgueil, que Berlin n'est pas comparable à leur ville, et que, si les Prussiens n'étaient point frappés de ce qu'ils voient ici, ils seraient difficiles.

La rusticité de l'empereur les laisse indifférents.

Ils ont été surpris, non émus, d'apprendre que Sa Majesté a apporté avec elle son lit de camp et qu'elle couche dedans plutôt que dans le lit qu'on lui a préparé. Même, le 20, l'empereur ayant fait acheter, au Corso, un chapeau de feutre mou pour aller à

Monza, cela a jeté un froid dans l'esprit de quelques fanatiques.

J'ai appris, de deux officiers de la garnison, une plaisante histoire que je vous demande la permission de vous rapporter.

Ainsi que je vous l'ai écrit, la revue préoccupait particulièrement la cour, la ville et l'état-major général.

Faire admirer, par le vainqueur de la France, l'armée italienne n'était pas, en effet, une petite tâche; aussi chacun s'y appliqua-t-il pour ce qui le concernait.

La revue devant avoir lieu sur la place d'Armes, on décida que l'empereur se rendrait en carrosse jusqu'au Castello, et que là il monterait à cheval dans une écurie richement décorée qu'on se hâta de lui préparer.

Le général X..., commandant du génie, eut la mission d'accommoder cette écurie; il s'adjoignit un capitaine, un sergent et dix soldats de son arme.

Lorsque l'enceinte sacrée, où Sa Majesté prussienne devait enfourcher sa monture, fut cirée, garnie de tentures, on réfléchit que l'empereur, en raison de son âge, ne sautait probablement plus en selle avec facilité, et l'on s'empressa, après avoir préalablement télégraphié à Berlin pour avoir la hauteur exacte du cheval impérial, d'établir, contre un des côtés de l'écurie, un praticable tapissé sur lequel le monarque monterait, et d'où il pourrait, sans effort, s'asseoir sur sa selle, rien qu'en passant la jambe par-dessus celle-ci.

Quand le général X... examina l'écurie il resta rêveur près du praticable ; puis, s'adressant au capitaine :

— Mais, lui dit-il à voix basse, si Sa Majesté voulait?...

— C'est vrai, fit le capitaine, nous n'y avions pas songé.

— Heureusement, reprit le général avec importance, rien ne m'échappe. Réparez cette grave omission, et que tout soit terminé pour demain.

On courut chez les premiers tapissiers pour se procurer un vase nocturne d'argent.

C'était le moins pour un tel hôte.

On n'en découvrit point.

On fouilla le palais royal ; on n'en trouva pas davantage.

On dut se rabattre sur un vase de porcelaine.

On choisit le plus beau, le plus luxueux, on le mit dans une table de nuit en marqueterie, et on colloqua cette table dans un coin de l'écurie.

Le lendemain, le général X... vint voir si ses ordres avaient été ponctuellement exécutés.

Le capitaine lui montra son œuvre en lui rendant compte des recherches laborieuses qu'il avait dû faire pour se procurer le vase.

Le général, qui l'écoutait attentivement, blêmit tout à coup.

— Qu'avez-vous? demanda le capitaine.

— Nous avons oublié le principal.

— Quoi?

— Si Sa Majesté avait besoin, avant de monter à cheval, de faire l'*atto grande*? (Le grand acte.)

— *L'atto grande!* répéta le capitaine ahuri.

— Vite, dépêchons; l'empereur arrive aujourd'hui; il faut que tout soit prêt ce soir, car la revue peut avoir lieu demain.

Le capitaine se remit en campagne, se procura une chaise percée digne de Sa Majesté impériale et royale, et la plaça dans un coin de l'écurie, entre des tentures magnifiques et sur un tapis d'Orient.

— Parfait! applaudit le général quand, douze heures après, il inspecta le *buon ritiro*; à présent, je suis tranquille; quoi qu'il advienne, Sa Majesté impériale assistera à la revue dans de bonnes conditions.

Effectivement l'empereur Guillaume prit plaisir à voir l'armée italienne sous les armes.

Il n'avait pas eu besoin, d'ailleurs, de se livrer à l'*atto grande*; l'*atto piccolo* lui avait suffi.

Il est vrai qu'il n'était pas en Allemagne.

Entre temps, le roi a offert à Sa Majesté une mosaïque romaine représentant le Colisée, et un tableau, également en mosaïque, de l'an 1600.

Le feld-maréchal de Moltke a eu un buste en marbre du roi, et les autres personnages marquants de la suite impériale des cadeaux de prix, le tout accompagné d'une grêle de décorations.

Le 21, à midi, le ciel s'étant rasséréné, l'empereur, le roi, les princes, et leurs suites sont partis pour Monza afin de rattraper la chasse manquée de la veille.

Aucune dame n'était de la fête, à cause du bal du soir.

Grâce aux rabatteurs le massacre du gibier a été complet.

On chassait à tir, non à courre.

L'empereur a tué trente et un faisans, un chevreau, un lièvre et deux lapins.

Le roi, habitué à la chasse au chamois sur les Alpes, n'a brûlé que quelques cartouches ; il accompagnait l'empereur et lui laissait toujours le choix du tir.

Le prince Humbert et le prince Amédée sont ceux qui ont abattu le plus de pièces.

A la fin de la chasse on a formé le *bouquet* sur une pelouse dite Prato-Campagna. Il se composait de quatre cents faisans, de quarante et un chevreaux, d'une vingtaine de lièvres, d'une douzaine de lapins, de deux coqs sauvages et de quatre bécasses.

Cette masse de gibier a été offerte à l'empereur, qui s'est montré enchanté et a expédié le tout, par un train direct, à Berlin.

On va manger du gibier dans la capitale de la Prusse.

Après un lunch, les chasseurs sont remontés en wagon ; à six heures, ils rentraient à Milan.

LE BAL A LA COUR

Vingt mille invitations ont été demandées, trois mille ont été distribuées, de sorte qu'il est impossible de circuler dans les salons du palais.

La salle des cariatides, où il est convenu qu'on dansera, mais où on se contentera de causer, resplendit de lumières ; on n'y laisse pénétrer que les dames accompagnées des maîtres des cérémonies.

C'est le supplice de Tantale pour les hommes, car les maîtres des cérémonies s'appliquent à arracher à la foule les personnes les plus jolies et les plus adorablement mises. Oh ! ces fonctionnaires de cour !...

La princesse Marguerite fait les honneurs de la fête aidée par sa mère, la duchesse de Gênes. La princesse porte une robe bleu de ciel ornée de guirlandes de roses d'une extrême élégance ; la duchesse une robe de satin blanc.

A dix heures, l'empereur, en grande tenue de feld-maréchal, le roi, les princes, M. de Moltke, M. Minghetti, président du conseil, M. Visconti-Venosta, ministre des affaires étrangères, font leur entrée.

L'empereur a une mine florissante, et le roi, sanguin comme à l'ordinaire, est *ciré* avec un soin particulier.

Victor-Emmanuel, dont la réputation de vert-galant est établie, a le petit travers de ne pas vouloir vieillir ; ce qu'il use de cosmétique tinctorial est inimaginable ; coûte que coûte il faut que ses cheveux et sa barbe soient couleur d'ébène. Aussi advient-il fréquemment qu'en frisant ses moustaches et sa barbiche, mouvement qui est habituel chez lui, il se noircit les doigts et qu'en portant involontairement ses mains à sa figure il se mâchure. Ça été le cas jeudi, au bal.

L'empereur a passé presque tout son temps à causer avec la marquise de Montereno, dame de cour de la princesse de Piémont.

A onze heures et demie les souverains se sont retirés et l'on a fait quelques tentatives pour danser.

LA JOURNÉE DU 22

Il pleut à verse ; l'excursion au lac de Côme est abandonnée ; les Milanais commencent à en vouloir au soleil.

L'empereur, pour se distraire, va visiter le musée et la basilique Saint-Ambroise, le temple le plus ancien de la ville, après quoi, le temps semblant définitivement pris, il décide qu'il partira le lendemain.

Le soir, on essaye de réaliser les grandes illuminations : *se saranno rose fioriranno ;* mais peine perdue, les lampions sont mouillés et ne flambent point.

« Enfin ! répètent en soupirant quelques Lombards

philosophes, l'entrée a été belle, c'est l'important ! »

On ne peut pas tout avoir.

Au moment où je me dispose à fermer ma lettre, on prépare, en gare, le train impérial. L'empereur partira vers deux heures. Le temps se remet au beau.

V

APRÈS LE DÉPART

Milan, 24 octobre

LE DÉPART. — ADIEUX DE L'EMPEREUR ET DU ROI. — MILAN REPREND SA PHYSIONOMIE. — QUE DOIT-ON PENSER DE L'ENTREVUE.

Le départ de l'empereur d'Allemagne s'est effectué avec solennité.

Sa Majesté a été reconduite à la station du chemin de fer, en grand gala, dans un superbe landau traîné par six chevaux ; le roi, les princes, la cour, les autorités civiles et militaires, la municipalité l'ont accompagnée ; une foule compacte l'a applaudie ; des salves d'artillerie l'ont saluée ; bref ça été une seconde édition de l'apparat du 18.

Arrivé à la gare et sur le point de partir, l'empereur a serré les mains à différents personnages officiels, est allé au syndic, l'a remercié, a répété que son voyage à Milan serait un des plus agréables souvenirs de sa vie, a fait remettre à l'honorable magistrat le grand cordon de la couronne germanique, puis, sur l'avis du premier maître des cérémonies que tout était prêt, s'est tourné vers le roi.

Les deux souverains se sont dit mutuellement adieu dans les termes les plus expansifs ; Victor-Emmanuel a embrassé trois fois son hôte ; S. M. Guillaume est montée en wagon, et quelques instants après le train impérial avait disparu.

Il était une heure et demie.

Le roi est rentré au palais, enchanté que les choses aient si heureusement procédé et, dans l'après-midi, il est parti pour Turin, tandis que le prince Humbert et la princesse Marguerite retournaient à Monza avec la duchesse de Gênes.

Aujourd'hui, Milan a repris son aspect accoutumé.

Maintenant, que conclure de l'entrevue qui vient d'avoir lieu entre l'empereur d'Allemagne et le roi d'Italie ?

Selon moi, il convient de ne pas en exagérer les conséquences.

L'empereur, il est vrai, n'a laissé échapper aucune occasion d'affirmer que l'alliance entre l'Allemagne et l'Italie était nécessaire, n'a rien négligé pour démontrer à ceux qui l'ont approché l'utilité de cette alliance ; M. Minghetti, président du conseil, et M. Visconti Venosta, ministre des affaires étrangères, ont eu de fréquents entretiens avec le secrétaire d'Etat Bulow ; de son côté, M. de Moltke, tout en affectant de se tenir à l'écart, s'est enquis de l'armée italienne sur laquelle il a pris des notes et dont, à l'issue de la revue, il a demandé à voir manœuvrer une brigade ; cela signifie que le gouvernement prussien a cherché, en cette occasion, à mettre notre voisine dans son jeu. A-t-il réussi ? C'est une autre affaire.

L'Italie est trop faible, financièrement, et a trop d'embarras intérieurs pour se lancer dans des aventures, pour risquer son unité dans une politique périlleuse.

Son alliance avec l'Allemagne ne peut être, actuellement, que diplomatique.

Cependant notre cher pays a, plus que jamais, besoin de calme, de prudence, et il n'évitera les dangers de sa situation, qu'en prenant pour guide : *la sagesse*. Là est sa force, là est son avenir.

FIN

TABLE DES MATIÈRES

—

PRÉFACE 1

L'Allemagne en Allemagne

LA COUR DE PRUSSE

I. — Un savant Prussien 5
II. — La Tabagie 17
III. — Le duel 31
IV. — La fin de Gundling 37

A PARIS! A PARIS!

I. — Pour une bouteille de Johannisberg . . 39
II. — Les témoins 49
III. — La Prusse en 1806 54
IV. — Complications inattendues 63
V. — Le lendemain de la bataille d'Iéna . . 70

L'Allemagne en France

L'ESPION

I. — Chez le cousin Silbermann 77
II. — Le siége de Strasbourg 85
III. — La défense et le traité de paix 92
IV. — Les Alsaciennes 101
V. — Simone 111
VI. — Tumulte sur le Broglie 118
Épilogue 125

L'Allemagne en Italie

UN MARTYR DE LA LIBERTÉ

I. — Sur la rive des Esclavons 129
II. — Les poliziotti 146
III. — La conjuration 166
IV. — Zéfirino 182
V. — Le guet-apens 191
VI. — L'insurrection 202
VII. — Sbire et gondolier 211
VIII. — Le tribunal criminel 223
IX. — La prison 237
X. — Pour la patrie et pour l'honneur . . . 254

L'ENTREVUE DE MILAN

I. — Milan, 16 octobre 1875 : En quête d'un gîte. — Un cabinet noir à deux louis par jour. — Je suis casé. — Programme des fêtes. — Arrivée des princes, princesses et personnages politiques. — Un hymne de Spontini . . 265

II. — Milan, 19 octobre : Affluence énorme. — L'abstention du prince de Bismark. — Le roi. — Préparatifs des fêtes. — La place du Dôme. — Exclamation d'un bourgeois. — La ville pavoisée. Les fêtes italiennes. — Le moment solennel. — Arrivée de l'empereur et de sa suite. — Réception à la gare. — Accueil de la population. — Dîner au Palais-Royal, — Illuminations. — La foule en ville 270

III. — Milan, 21 octobre : Préoccupations que cause la revue. — De Moltke et Bismark qualifiés par le public, — L'incident de Trente. — Le Trentin. — Étiquette et photographie. — La revue. — Le dîner de gala. — Les toasts. — Représentation de gala. — La salle. — Monza. — Chasse manquée. — Un compliment du général Cialdini . . . 280

IV. — Milan, 23 octobre : Le prince de Naples.

— Une anecdote. — L'empereur et M. de Moltke à la Scala. — Visite à la cathédrale. — La galerie Victor-Emmanuel. — Manière d'être de l'Empereur. — Une histoire d'écurie. — Cadeaux offerts. — Chasse à tir. — Le bal. — Le cosmétique du roi. — Il pleut. — Fiasco des illuminations. — L'empereur se décide à partir . . . 290

V. — Milan, 24 octobre : Le départ. — Adieux de l'empereur et du roi. — Milan reprend sa physionomie. — Que doit-on penser de l'entrevue 301

FIN DE LA TABLE

Saint-Amand (Cher). — Imp. de DESTENAY.

www.ingramcontent.com/pod-product-compliance
Ingram Content Group UK Ltd.
Pitfield, Milton Keynes, MK11 3LW, UK
UKHW020435200726
13857UKWH00002B/436

9 782012 995246